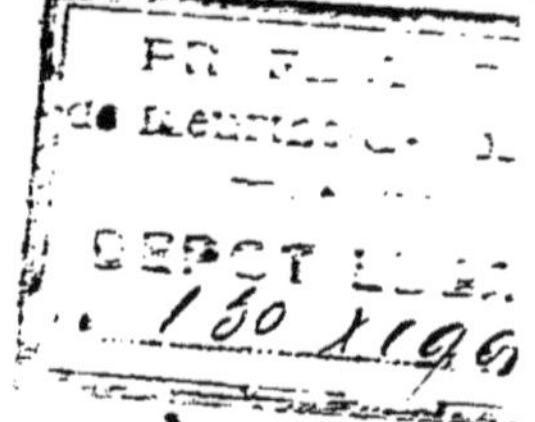

LES

DÉPENSES DES MINISTÈRES

RECUEIL

DES

RÈGLES APPLICABLES A LEUR PAIEMENT

PAR

F. GASCHARD

SOUS-CHEF DE BUREAU AU MINISTÈRE DES FINANCES

OFFICIER D'ACADÉMIE

BERGER-LEVRAULT & Cie, ÉDITEURS

PARIS — 5, RUE DES BEAUX-ARTS, 5

NANCY — 18, RUE DES GLACIS, 18

1901

Dictionnaire financier international théorique et pratique. *Guide financier pour tous les pays,* par M. et A. Méliot. 1899. Un beau volume in-8 de 922 pages, élégamment relié en percaline gaufrée . . . . 15 fr.

Bourses. — Banques. — Changes. — Monnaies. — Arbitrages. — Sociétés et compagnies. — Législations et jurisprudences. — Règlements, usages et formalités. — Taxes, impôts et droits. — Exploitations minières, etc.

Dictionnaire du Timbre et de l'Enregistrement, *en ce qui concerne les actes administratifs et les pièces de la comptabilité des départements, des communes et des établissements publics,* par Félix Sollier, sous-inspecteur de l'enregistrement et des domaines. 1896. Un volume in-8 de 443 pages, broché . 7 fr. 50 c. — Relié en percaline. . . . . . . 9 fr.

Dictionnaire des Patentes, *contenant le texte des lois en vigueur au 1er janvier 1891, les tarifs annexés à ces lois et la définition de chaque profession,* par P. Brussaux et P. Guittier, inspecteurs des contributions directes. Un volume grand in-8 de 880 pages, broché. . . . . 10 fr. — Relié. . . . . 11 fr. 50 c.

Dictionnaire des Domaines, par Édouard Maguéro, sous-chef à la Direction générale de l'enregistrement et des domaines, avec la collaboration de MM. Guilbert, Juge et Olive, rédacteurs à la Direction générale. Un volume petit in-4 de 798 pages, broché . . . . 25 fr.
Relié en demi-maroquin, plats toile . . . . 30 fr.

Dictionnaire de l'Administration française, par Maurice Block, membre de l'Institut, avec la collaboration de membres du Conseil d'État, de la Cour des comptes, de directeurs et de chefs de service des différents ministères, etc. 4e édition. 1898. Refondue et considérablement augmentée, tenue au courant par des suppléments annuels gratuits. Un volume grand in-8 de 2,358 pages, br. 37 fr. 50 c. — Relié en demi-maroquin, plats toile . 42 fr. 50 c.

Répertoire de Police administrative et judiciaire. *Législation et réglementation. Jurisprudence et doctrine.* Publié sous la direction de M. Lépine, préfet de police, par Louis Courcelle, attaché au cabinet du préfet de police. Avec une lettre-préface de M. Charles Mazeau, premier président de la Cour de cassation, ancien ministre de la justice. 1899. Deux volumes grand in-8 (2,800 pages à deux colonnes), brochés. . . . . 60 fr.
Reliés en demi-maroquin, plats toile. . . . . 70 fr.

Dictionnaire des Communes (France et Algérie), avec l'indication des *Perceptions dont chaque commune fait partie.* Suivi de la liste alphabétique des communes des colonies et protectorats. 1899. Un vol. petit in-8 de 657 pages, relié en percaline souple gaufrée. 6 fr.

Dictionnaire militaire. *Encyclopédie des sciences militaires* rédigée par un comité d'officiers de toutes armes. Paraissant par livraisons de 8 feuilles (128 pages) grand in-8. Prix de la livraison . . . . 3 fr.

L'ouvrage comprendra environ 24 livraisons, formant deux volumes de 96 feuilles chacun. Les livraisons paraîtront de deux en deux mois. Les 16 premières livraisons sont en vente.
Le 1er volume finit dans la 13e livraison.

— *Tome Ier :* Lettres A-H. 1899. Un fort vol. grand in-8 de 1,588 p., br. 37 fr. 50 c.
Relié en demi-maroquin, plats toile . . . . 42 fr. 50 c.

Recueil de Rédactions sur des sujets d'économie politique et sur des questions financières et administratives. *Sujets et questions donnés aux différents concours et traités avec tous les développements qu'ils comportent et groupés dans un ordre méthodique et raisonné,* par J. Josat, ancien sous-chef de bureau à l'administration centrale du ministère des finances, ancien membre de la commission des examens. 1894. Un volume in-8 de 500 pages, avec 7 diagrammes, broché. . . . . 8 fr.

La Loi municipale. *Commentaire de la loi du 5 avril 1884 sur l'organisation et les attributions des conseils municipaux,* par Léon Morgand, chef de bureau à la Direction de l'administration départementale et communale au Ministère de l'intérieur. Deux volumes in-8. 1er volume : *Organisation.* 2e volume : *Attributions et comptabilité.* 5e édition mise à jour. 1896. Broché . . . . 15 fr. — Relié en percaline . . . . . . 18 fr.

Des Caisses de retraites des fonctionnaires *communaux et départementaux,* par Hilaire Combarieu, docteur en droit. 1899. Un volume grand in-8, broché . . . . 5 fr.

Petit Manuel pratique à l'usage des rentiers et pensionnaires de l'État. *Rentes sur l'État, pensions civiles, militaires et de la marine, traitements de la Légion d'honneur et rentes viagères pour la vieillesse,* par H. Paulme, fondé de pouvoirs. Un vol. in-12. 1 fr. 25 c.

Formules et Renseignements divers pour demandes et réclamations administratives, par Maurice Boivin, sous-préfet de Mirecourt, et Charles Ferry, secrétaire-greffier du conseil de préfecture des Vosges. Nouvelle édition, augmentée et mise à jour. 1901. Un volume in-8 de 365 pages, broché . . . . 3 fr. — Relié en percaline. . . . . 4 fr.

Régime légal et financier des Associations syndicales. *Étude pratique destinée aux maires, conseillers de préfecture, ingénieurs des ponts et chaussées,* etc., par A. Aubert, ancien secrétaire particulier du préfet de la Seine. 2e édition. 1894. Volume in-12, br. 3 fr.

La Décentralisation, par Paul Deschanel, député. 1895. Un vol. in-12, broché. 2 fr. 50 c.

LES

DÉPENSES DES MINISTÈRES

LES

DÉPENSES DES MINISTÈRES

RECUEIL

DES

RÈGLES APPLICABLES A LEUR PAIEMENT

PAR

F. GASCHARD

SOUS-CHEF DE BUREAU AU MINISTÈRE DES FINANCES
OFFICIER D'ACADÉMIE

BERGER-LEVRAULT & Cie, ÉDITEURS

PARIS	NANCY
5, RUE DES BEAUX-ARTS, 5	18, RUE DES GLACIS, 18

1901

PRÉFACE

Aux termes de l'article 881 du décret du 31 mai 1862, des règlements spéciaux devaient être rendus, pour l'exécution de ce décret, par les différents services soumis à l'application des règles qu'il prescrit.

A quelques exceptions près, les départements ministériels se sont conformés à cette obligation et de 1862 à 1870, des règlements ont été élaborés et mis en vigueur.

Mais, d'une part, les additions multiples, les modifications successives apportées aux textes de ces règlements par des lois, décrets et circulaires; d'autre part, la nécessité de recourir à la consultation de divers documents, imposent aux comptables chargés de la dépense de laborieuses recherches et sont pour eux une source de difficultés, d'hésitations pouvant mettre en péril leur responsabilité.

Ces considérations nous ont suggéré la pensée de résumer en un seul volume les règles, d'après les textes nouveaux en vigueur à ce jour, relatives au paiement des dépenses des ministères. Ces textes concernent : 1° la partie réglementaire proprement dite, pour l'application du décret du 31 mai 1862 et des lois et décrets modificatifs rendus ultérieurement; 2° les prescriptions communes à tous les services et quelques dispositions particulières; 3° la nomenclature des pièces à produire pour chaque nature de dépense, accompagnée, au besoin, d'une analyse du mode d'administration ; et 4° divers renseignements corrélatifs aux paiements, tels que l'application des lois fiscales du timbre et de l'enregistrement, la garantie des tiers, la responsabilité des payeurs, etc., etc...

Nous espérons avoir atteint le but poursuivi pendant plusieurs années, celui de faciliter aux comptables de l'État les vérifications qui leur assurent la validité des paiements qu'ils ont à effectuer, l'un des côtés les plus appréciables de leurs délicates fonctions.

Mars 1901.

ABRÉVIATIONS

A. C.	Agriculture et Commerce.
A. E.	Affaires étrangères.
B.-A.	Beaux-Arts.
G.	Guerre.
I. P.	Instruction publique.
M.	Marine.
P. T.	Postes et télégraphes.
T. P.	Travaux publics.

LES

DÉPENSES DES MINISTÈRES

CHAPITRE Ier

PARTIE RÉGLEMENTAIRE POUR L'APPLICATION DES LOIS, DÉCRETS, CIRCULAIRES, ETC.

1

Exercice. — L'exercice est la période d'exécution des services d'un budget; il prend la dénomination de l'année à laquelle il se rapporte.

2

Exercice. — Sont seuls considérés comme appartenant à un exercice les services faits et les droits acquis du 1er janvier au 31 décembre de l'année qui donne son nom à cet exercice.

3

Exercice. — Toutefois, l'administration peut, dans la limite des crédits ouverts au budget d'une année, et jusqu'au 31 janvier de l'année suivante, achever les services du matériel dont l'exécution commencée n'a pu être terminée avant le 31 décembre pour des causes de force majeure ou d'intérêt public qui doivent être énoncées dans une déclaration de l'ordonnateur.

4

Exercice. — La période d'exécution des services d'un budget embrasse, outre l'année à laquelle il s'applique, des délais complémentaires accordés sur l'année suivante pour achever les opérations relatives au recouvrement des produits, à la constatation des droits acquis, à la liquidation, à l'ordonnancement et au paiement des dépenses.

A l'expiration de ces délais, l'exercice est clos.

5

Exercice. — En ce qui concerne le budget de l'État, ces délais s'étendent pendant la seconde année :

1° Jusqu'au 31 mars pour la liquidation et l'ordonnancement des sommes dues aux créanciers;

2° Jusqu'au 30 avril pour le paiement des dépenses, la liquidation et le recouvrement des droits acquis à l'État pendant l'année du budget;

3° Jusqu'au 30 juin pour l'autorisation et la régularisation, par des crédits supplémentaires, de dépenses afférentes aux charges publiques rendues obligatoires par la loi de finances et dont le montant ne peut être définitivement connu qu'après l'exécution des services;

4° Jusqu'au 31 juillet pour les opérations de régularisation nécessitées par les erreurs d'imputation, par le remboursement des avances ou cessions que les ministères se font réciproquement, par les reversements de fonds à rétablir aux crédits des ministres ordonnateurs, par la régularisation des traites de la marine et des colonies et par le versement à la caisse des gens de mer ou à la caisse d'épargne postale du parfait paiement des allocations des états-majors et équipages embarqués hors des mers d'Europe.

6

Exercice. — Les ordres de paiement non payés sur le budget local des colonies sont annulés au 30 juin de la seconde année [1].

Mais les dates de l'ordonnancement et du paiement en France des dépenses des services locaux sont respectivement les 15 et 31 mars de la seconde année de l'exercice [2].

7

Exercice. — Les crédits ouverts pour les dépenses de chaque exercice ne peuvent être employés à l'acquittement des dépenses d'un autre exercice.

8

Spécialité des crédits. — Le principe de la spécialité des crédits par exercice s'applique, d'après les règles suivantes, aux diverses dépenses des ministères :

1° Les époques d'échéance des arrérages de rentes et de pensions déterminent l'exercice qui doit en supporter la dépense.

2° Les intérêts à la charge du Trésor, sur les fonds dont il est dépositaire, sont applicables à l'exercice de l'année pendant laquelle ils ont couru. Quant à ceux que pourrait comporter le paiement ou la restitution des sommes dues par le Trésor, ils sont imputés sur le même exercice que le remboursement du capital.

3° La garantie d'intérêts aux chemins de fer est imputable à l'exercice pendant lequel elle est liquidée [3].

4° Les restitutions de droits indûment perçus par le Trésor et les répartitions de produits attribués à divers sont

(1) Circulaire du Mouvement des fonds du 21 août 1891.
(2) Note de la Comptabilité publique du 26 janvier 1898.
(3) Avis du Ministre des finances dans un rapport au Ministre des colonies du 28 février 1896.

rattachées au budget de l'année pendant laquelle elles sont ordonnancées ou mandatées.

5° Les secours éventuels et permanents s'imputent d'après la date des décisions qui les accordent. Les époques d'échéance des secours annuels déterminent l'exercice qui doit en supporter la dépense.

6° Les indemnités de réforme et les secours annuels suivent la même règle que les pensions.

7° Les indemnités diverses se rapportent à l'année du service qui donne lieu à leur allocation. Lorsque les services pour lesquels les indemnités sont allouées embrassent plusieurs années, sans qu'il soit possible de préciser les charges afférentes à chacune d'elles, la dépense est rattachée à l'année de la décision qui l'autorise.

8° Les frais de tournées, de voyages et de missions spéciales se rapportent au temps même de leur durée et grèvent le budget de chacune des années pendant lesquelles les services ont été exécutés.

Toutefois, en ce qui touche les frais de voyage, lorsque la dépense porte sur deux exercices et qu'il est impossible d'apprécier exactement la part afférente à chacun d'eux, elle est imputée en totalité sur l'exercice le plus intéressé en raison du laps de temps pendant lequel le service a été exécuté. Dans tous les cas, s'il a été fait à l'agent une avance au moment de son départ, le solde est imputé sur l'exercice pendant lequel le voyage s'est le plus longtemps prolongé, et les pièces justificatives de la dépense sont produites à l'appui de l'ordonnance de solde (A. E.).

9° Les fractions de retenues de douzièmes prélevées conformément à l'article 28 de la loi du 29 mars 1897 sont rattachées au même exercice que les rétributions sur lesquelles elles portent [1].

---

(1) Décret du 28 juillet 1897.

10° Les frais de poursuites et d'instances et autres frais judiciaires à la charge du Trésor appartiennent à l'année pendant laquelle le paiement en est ordonnancé ou mandaté.

A l'égard des condamnations prononcées contre l'État, dont le paiement n'a pas été compris dans celui des frais judiciaires, l'exercice est déterminé par la date des décisions judiciaires, jugements et arrêts définitifs, ou de l'acte administratif d'acquiescement à un jugement non définitif.

11° Les retenues de garantie faites aux entrepreneurs de travaux se rapportent à l'année pendant laquelle, le certificat de réception définitive ayant été délivré, le paiement de ces retenues devient exigible.

La retenue effectuée pendant le 4e trimestre d'une année et remboursable pendant le 1er trimestre de l'année suivante est imputable sur l'exercice courant [1].

12° Les loyers s'imputent d'après la date du jour qui précède l'échéance de chaque terme [2].

13° Les prix d'acquisitions d'immeubles s'imputent suivant les distinctions ci-après :

Lorsqu'il y a eu adjudication publique, d'après la date du jugement ou du procès-verbal d'adjudication;

Lorsqu'il y a eu acquisition amiable ou cession amiable après expropriation, d'après la date de l'approbation donnée au contrat, ou d'après celle du contrat, en cas d'autorisation préalable;

Lorsqu'il y a eu expropriation non suivie de convention amiable, d'après la date de l'ordonnance du magistrat directeur du jury dont la délibération a réglé le montant de l'indemnité due à l'exproprié.

Toutefois, lorsque les titres d'acquisition stipulent exceptionnellement des termes de paiement, l'imputation est déterminée par l'époque des échéances.

---

(1) Injonction de la Cour des comptes, gestion 1878, caissier-payeur central du Trésor.
(2) Décret du 11 août 1890. Circulaire de la Comptabilité publique du 12 septembre 1890.

14° Les intérêts que peut comporter le paiement des sommes dues par l'État pour prix d'acquisitions d'immeubles sont imputés sur l'exercice de l'année pendant laquelle le capital peut être payé.

Toutefois, lorsque des époques d'échéance ont été stipulées pour le paiement des intérêts, l'imputation de la dépense a lieu sur l'exercice de l'année où le paiement est exigible.

15° Les dépenses pour transport de troupes par chemins de fer sont imputées sur l'exercice de l'année pendant laquelle les troupes arrivent à destination. La même règle s'applique aux transports de matériel, quelle que soit la voie employée.

16° En matière d'affrètement de navires de commerce, les acomptes payés avant le départ, ainsi que ceux payés en route, s'imputent sur l'année où ces divers paiements sont effectués; les parfaits paiements s'imputent sur l'année où le déchargement des navires est effectué.

17° Les abonnements aux ouvrages s'acquittent sur l'exercice portant la dénomination de l'année de la livraison.

18° Les achats d'approvisionnements et les travaux de toute nature s'imputent sur l'année pendant laquelle la recette en a été constatée.

19° Les frais de concours sont imputables sur les fonds de l'exercice qui prend son nom de l'année pendant laquelle le concours a été ouvert.

20° Les frais de prix appartiennent à l'exercice pendant lequel les prix sont décernés.

21° Les subventions accordées aux établissements placés dans les attributions du département de l'instruction publique sont imputables à l'exercice auquel se rattachent les besoins du service subventionné.

22° Pêche de la baleine et du cachalot.

L'exercice est déterminé :

Pour la prime acquise à l'armateur du navire, par la date

du départ résultant de la déclaration faite devant le commissaire de la marine;

Pour la prime supplémentaire, par la date du retour indiquée dans la déclaration faite au retour en France par le capitaine et constatant que les conditions prescrites ont été remplies.

23° Pêche de la morue.

L'exercice est déterminé:

Pour la prime au départ, par la date de la déclaration faite par l'armateur devant le commissaire de la marine et constatant l'armement et le départ du navire;

Pour la prime d'importation ou d'introduction de la morue aux colonies françaises, par la date du certificat délivré par les autorités compétentes et constatant le débarquement de la morue;

Pour les exportations par mer à l'étranger, par la date des certificats délivrés par les agents français et constatant le débarquement de la morue dans les ports de leur résidence;

Pour les exportations de morue faites par terre en Espagne, par la date du visa des acquits-à-caution, visa donné à la sortie ou passage réel par les employés des douanes françaises;

Pour les importations de rogues, par la date du certificat délivré par la douane sur la déclaration faite par le capitaine au retour des navires pêcheurs et constatant l'origine et la quantité de rogues importées.

24° Les frais de poursuite et d'instance judiciaire pour délits de pêche fluviale et pour contraventions en matière de grande voirie se rapportent au budget de l'année pendant laquelle a eu lieu la taxation, par l'autorité judiciaire compétente, des mémoires des huissiers ou des greffiers dont le ministère a été requis. Quant au remboursement des frais tombés en non-valeur par suite de l'insolvabilité des débiteurs, l'imputation en est déterminée par l'année pendant laquelle l'état de ces frais a été arrêté par le trésorier-payeur général.

25° Les indemnités pour dommage ou pour occupation temporaire de terrain s'imputent, en cas de règlement amiable, sur l'année pendant laquelle le dommage ou l'occupation a eu lieu; ou, en cas de contestation, sur l'année pendant laquelle a été rendue la décision du conseil de préfecture et, s'il y a appel, du Conseil d'État.

26° Les frais de passage de Français rapatriés sont remboursés sur l'exercice portant la dénomination de l'année pendant laquelle ils arrivent en France.

27° Toutes les autres dépenses non spécifiées appartiennent à l'exercice de l'année pendant laquelle les services ont été effectués. Les frais accessoires se rapportent au même exercice que la dépense principale.

9

Secours. — Les secours temporaires et accidentels sont fixés par les décisions qui les accordent. En cas de non-paiement lors du décès d'un titulaire, ses héritiers ou représentants ne peuvent y avoir droit qu'en vertu d'une nouvelle décision.

10

Prescriptions. — Les arrérages des rentes perpétuelles et viagères, les traitements de la Légion d'honneur et de la médaille militaire et les intérêts des capitaux de cautionnements en numéraire se prescrivent par cinq ans.

Les pensions et secours annuels sont rayés des livres du Trésor après trois ans de non-réclamation, sans que leur rétablissement donne lieu à aucun rappel d'arrérages antérieurs à la réclamation. La même déchéance est applicable aux héritiers ou ayants cause des pensionnaires qui n'ont pas produit la justification de leurs droits dans les trois ans qui suivent la date du décès de leur auteur.

11

Intérêts. — Il n'est point dû d'intérêts par le Trésor, quand le droit des créanciers ne résulte ni de la loi, ni d'une convention ou d'un jugement.

Dans aucun cas, il n'y a lieu d'ajouter des intérêts au remboursement du montant des droits qui auraient été indûment perçus (1).

12

Frais d'établissement. — Aucune somme ne peut être allouée au ministre, à titre de frais de premier établissement, que par exception et en vertu d'un décret nominatif et motivé, rendu conformément aux dispositions de la loi du 25 mars 1817.

13

Traitements. — La jouissance du traitement et des émoluments du nouveau titulaire d'un emploi court à partir du jour de son installation, à moins que l'époque d'entrée en jouissance ne résulte de l'acte même de nomination.

Lorsqu'un emploi est sans titulaire, la jouissance du traitement et des émoluments attachés à cet emploi peut être accordée, en totalité ou en partie, à toute personne appelée à remplir l'intérim, laquelle supporte alors les charges inhérentes au titre de l'emploi; néanmoins, les retenues pour pensions civiles ne sont exercées qu'autant que l'intérimaire fait partie d'une classe d'agents soumis au régime de ces retenues.

Lorsque l'intérimaire reçoit une indemnité de gestion,

(1) Arrêts de la Cour de cassation des 6 novembre 1827 et 26 août 1844.

cette indemnité ne peut être assimilée à une augmentation de traitement dans le sens de l'article 3 de la loi du 9 juin 1853 et n'est pas passible de la retenue du premier douzième [1].

14

Traitements. — Les agents politiques et consulaires, absents par congé, jouissent de la moitié de leur traitement, à compter du lendemain du jour où ils quittent leur résidence jusqu'au jour où ils reprennent leurs fonctions.

La durée réglementaire du congé ne peut excéder quatre mois pour les agents qui résident en Europe et six mois pour ceux qui sont placés hors du territoire européen. Le temps du voyage d'aller et retour n'est pas compris dans la durée du congé.

La portion de traitement du titulaire attribuée aux intérimaires est du quart pour les chargés d'affaires [2] et de la moitié pour les gérants des postes consulaires et pour tous les autres agents remplissant, par intérim, des fonctions rétribuées.

Le quatrième quart du traitement disponible par suite du congé d'un chef de mission politique est ordonnancé, en fin d'exercice, au profit du Trésor pour le service des pensions civiles.

Les chefs de mission diplomatique peuvent obtenir, chaque année, un congé ou une autorisation d'absence de quinze jours avec jouissance de leur traitement intégral.

Cette période de quinze jours sans aucune retenue de traitement comprend la durée du voyage d'aller et retour.

---

(1) Note de la Comptabilité publique du 25 avril 1899.

(2) Dans certains cas tout à fait exceptionnels, la moitié du traitement du titulaire d'un poste diplomatique peut être allouée au chargé d'affaires sur la proposition qui en est faite au chef de l'État par le ministre.

En pareil cas, il y a lieu de produire au Trésor une ampliation certifiée du décret qui accorde le demi-traitement.

Toutes les fois que les chefs de poste politique, après avoir demandé et obtenu un congé de quinze jours, prolongent leur absence au delà de ce terme, ils perdent tout droit au bénéfice des deux paragraphes qui précèdent et les chargés d'affaires qui les remplacent reçoivent le quart du traitement des titulaires à dater du jour qui suit le départ de ces derniers.

Les chefs de mission diplomatique appelés à Paris par ordre conservent la jouissance des trois quarts de leur traitement pendant le temps de leur absence.

Les secrétaires de légation mis à la disposition du département reçoivent la totalité de leur traitement.

Les agents du service extérieur appelés à une autre résidence et qui, avant de se rendre à leur nouveau poste, sont retenus à Paris par ordre, ont droit au demi-traitement de ce poste et peuvent même, si ce demi-traitement n'est pas disponible, recevoir la moitié du traitement affecté à leur ancienne résidence; mais, dans le cas où ni l'un ni l'autre de ces traitements ne sont vacants, les agents dont il s'agit ne peuvent prétendre à aucune espèce d'indemnité équivalente.

Les mêmes avantages et les mêmes restrictions s'appliquent, pendant la durée de leur voyage, aux titulaires de postes situés hors d'Europe ou à ceux qui, nommés à des postes d'Europe, résidaient précédemment en dehors du territoire européen et réciproquement.

Ont droit à la moitié de leur traitement les agents diplomatiques et consulaires qui, à l'expiration de leur congé réglementaire, reçoivent l'ordre de rester à Paris pour affaires de service.

15

Traitements. — Le traitement des fonctionnaires de l'ordre judiciaire court du jour de la prestation de serment.

16

Traitements. — Les états de traitement sont émargés par chacun des magistrats y dénommés.

Néanmoins, dans le cas d'absence, soit pour cause d'un service public ou de maladie, soit en vertu d'un congé ou pendant les vacances, l'émargement pourra être donné par les premiers présidents et par le président du tribunal, s'il s'agit d'un conseiller ou d'un juge, d'un greffier ou d'un commis-greffier; par le procureur général et par le procureur de la République, s'il s'agit d'un magistrat du parquet.

Lorsque le premier président ou le procureur général, le président du tribunal ou le procureur de la République sont dûment absents ou empêchés, la faculté d'émarger, tant pour eux que pour les autres parties prenantes, est attribuée au magistrat qui est appelé à les remplacer par intérim.

17

Traitements. — La plupart des dépenses des cultes, savoir : les traitements ou indemnités pour fonctions exercées et les rétributions fixes et annuelles s'acquittent par trimestre.

18

Traitements. — Les droits d'un titulaire d'emploi ou d'un intérimaire à la jouissance du traitement s'éteignent le lendemain du jour de la cessation du service, par suite soit de décès, soit de mise à la retraite, démission, révocation, suspension ou abandon de fonctions.

19

Retraite. — Le fonctionnaire admis à faire valoir ses droits à la retraite continue à exercer ses fonctions jusqu'à délivrance de son brevet de pension, à moins d'une décision contraire rendue sur sa demande ou motivée soit par suppression de son emploi, soit par l'intérêt du service. Après la délivrance de son brevet de pension, il peut encore, lorsque l'intérêt du service l'exige, être maintenu momentanément en activité. En cas de prolongation de ses services, il ne peut y avoir lieu à un supplément de liquidation et la jouissance de la pension part du jour de la cessation effective du traitement. Ces dispositions ne sont pas applicables aux fonctionnaires tenus de produire un certificat de non-débet [1].

20

Cumul. — Il est interdit de cumuler en entier les traitements de plusieurs places, emplois ou commissions. En cas de cumul de deux traitements, le moindre est réduit à moitié; en cas de cumul de trois traitements, le troisième est, en outre, réduit au quart, et ainsi de suite en observant cette proportion.

Cette réduction n'a pas lieu pour les traitements cumulés qui sont au-dessous de 3.000 fr., ni pour les traitements plus élevés qui en ont été exceptés par les lois.

21

Cumul. — Les officiers généraux et supérieurs peuvent être détachés au Conseil d'État.

Ils conservent, pendant la durée de leurs fonctions, les droits attribués à leurs positions, sans pouvoir toutefois cumuler leur traitement avec celui du Conseil d'État.

22

Cumul. — Les professeurs, les gens de lettres, les savants et les artistes peuvent, sans qu'il leur soit fait application

---

(1) Décret du 27 mai 1897.

de la règle ci-dessus, remplir plusieurs fonctions et occuper plusieurs chaires rétribuées sur les fonds du Trésor public.

Néanmoins, le montant des traitements, tant fixes qu'éventuels, ne peut dépasser 20.000 fr.

23

Cumul. — Les professeurs à l'Institut national agronomique peuvent cumuler leurs fonctions avec une autre sans y être autorisés par décision spéciale du ministre de l'agriculture [1].

24

Cumul. — Le cumul de deux pensions est autorisé dans la limite de 6.000 fr., pourvu qu'il n'y ait pas double emploi dans les années de service présentées pour la liquidation. Cette disposition n'est pas applicable aux pensions que des lois spéciales ont affranchies des prohibitions du cumul.

25

Cumul. — Les pensions des académiciens et hommes de lettres attachés à l'Instruction publique, à la Bibliothèque nationale, à l'Observatoire ou au Bureau des longitudes peuvent, quand elles n'excèdent pas 2.000 fr. (et jusqu'à concurrence de cette somme si elles l'excèdent), se cumuler avec un traitement d'activité, pourvu que la pension et le traitement ne s'élèvent pas ensemble à plus de 6.000 fr.

26

Cumul. — Les pensions de retraite pour services militaires peuvent se cumuler avec un traitement civil d'activité, excepté dans le cas où des services civils ont été admis comme complément du droit à ces pensions.

---

(1) Décret du 14 juin 1890.

Toutefois, si un militaire, bien qu'ayant des services civils, a été retraité pour blessures ou infirmités contractées au service, il peut cumuler une pension militaire avec un traitement civil (1).

Les pensions militaires de réforme, la solde de réforme, les gratifications permanentes ou renouvelables de réforme sont, dans tous les cas, cumulables avec un traitement civil d'activité.

27

Cumul. — Aucune solde d'activité, de disponibilité ou de non-activité ne peut être cumulée avec une pension civile ou militaire, ni avec un traitement quelconque à la charge de l'État ou des communes.

28

Cumul. — Les militaires de la réserve et de l'armée territoriale cumulent en temps de paix les traitements ou pensions dont ils jouissent avec la solde et les prestations qui leur sont attribuées pendant les exercices ou manœuvres auxquels ils sont convoqués.

29

Cumul. — Lorsqu'un pensionnaire civil est remis en activité dans le même service, le paiement de sa pension est suspendu. Lorsqu'il est remis en activité dans un service différent, il ne peut cumuler sa pension ou son traitement que jusqu'à concurrence de 1.500 fr.

30

Cumul. — Les fonctionnaires de tout ordre élus députés et les membres de la Chambre des députés auxquels des

(1) Avis du Conseil d'État du 17 juillet 1888.

fonctions publiques rétribuées ont été conférées depuis leur élection, touchent, comme les autres représentants, l'indemnité législative établie, avec interdiction de cumul, par décret du 29 juin 1871.

Si le chiffre de l'indemnité est supérieur à celui du traitement du fonctionnaire, ce traitement est ordonnancé en totalité au profit du Trésor, pendant la durée du mandat législatif.

Si le chiffre du traitement est supérieur à celui de l'indemnité, le fonctionnaire député ne touche, pendant la même période, que la portion de son traitement net excédant ladite indemnité.

Sont exceptées des dispositions ci-dessus : les pensions de retraite civiles et militaires, le traitement des officiers généraux admis dans le cadre de réserve, la solde ou pension des officiers mis en réforme, les traitements afférents aux décorations de la Légion d'honneur, les rentes viagères attribuées aux médailles militaires, les pensions allouées à titre de récompense nationale (1).

31

Cumul. — Ne sont pas soumis aux dispositions prohibitives du cumul des traitements, de la solde et des pensions : les traitements des maréchaux et amiraux, les indemnités législatives allouées aux sénateurs, les traitements de la Légion d'honneur, les rentes viagères attribuées à la médaille militaire, les dotations du Mont-de-Milan, les pensions des anciens donataires et de leurs veuves, celles qui sont accordées à titre de récompense nationale, les indemnités viagères aux victimes du coup d'État du 2 décembre 1851 et de la loi de sûreté générale du 27 février 1858, les pensions viagères aux survivants des blessés de 1848, à leurs ascen-

(1) Loi du 16 février 1892.

dants, veuves et descendants [1], les pensions de veuves de militaires ou employés tués pendant l'insurrection de la Commune de Paris [2].

Toute autre exception aux lois prohibitives du cumul est autorisée par une décision spéciale de la loi.

32

Solde. — Aucun officier en jouissance de la solde de réforme ne peut en toucher les arrérages, s'il a passé plus d'une année en pays étranger, qu'autant que l'autorisation de résider hors du territoire de la République lui aurait été accordée dans la forme prescrite par l'ordonnance du 24 février 1832 concernant les militaires en retraite résidant à l'étranger.

33

Frais de bureau. — Les frais de bureau des administrations académiques sont acquittés sur la production des pièces qui justifient de la dépense effectuée. Ils peuvent aussi être réglés par abonnement.

34

Indemnités. — Les indemnités annuelles sont payées par mois ou par trimestre. En cas de décès de l'ayant droit, les décomptes s'établissent par jour comme pour les traitements.

35

Indemnités. — Les indemnités une fois payées, pour travaux ou services extraordinaires, sont accordées par décisions spéciales et motivées du ministre.

---

(1) Lois des 30 juillet 1881 et 18 février 1888.

(2) Lois des 15 septembre 1871 et 1er mars 1872.

36

Subventions. — Les subventions aux lycées, ainsi qu'aux autres établissements placés dans les attributions du département de l'instruction publique, sont réparties par décisions ministérielles, à moins d'affectation spéciale au budget.

37

Indemnités. — Les indemnités, encouragements et secours aux savants et hommes de lettres, aux anciens membres du corps enseignant, à leurs enfants et à leurs veuves, et à tous les fonctionnaires de l'instruction publique sont accordées, soit sur états collectifs, soit individuellement, par décision du ministre. En cas de décès de la partie intéressée, ils ne sont payables à ses héritiers qu'en vertu d'une nouvelle décision.

38

Frais de tournées. — Les frais de tournées et de déplacements, voyages et missions, sont réglés à raison des jours d'absence et des distances parcourues; ils peuvent l'être à forfait, par décisions spéciales.

S'il y a abonnement ou allocation fixe à forfait, le paiement a lieu par mois ou par trimestre, sur décompte, et au prorata du temps réel d'exercice, comme pour le traitement.

39

Loyers. — Les loyers ou locations de bâtiments doivent être consentis par baux ou conventions écrites. Il ne doit y être stipulé aucun paiement par avance, imputable sur les derniers termes de la jouissance.

40

Encouragements. — Les encouragements aux agriculteurs, mécaniciens et inventeurs résultent de décisions spéciales et motivées. La somme n'est due qu'au titulaire et, en cas de décès avant paiement, elle fait retour au crédit.

41

Frais de bureau. — Les directeurs-ingénieurs et les inspecteurs-ingénieurs du service technique, ainsi que les directeurs de l'exploitation postale et télégraphique reçoivent, à titre d'abonnement pour frais de bureau de toute nature, une indemnité annuelle payable par trimestre, à l'aide de laquelle ils doivent se munir de tous les meubles ou objets nécessaires à leur service et au classement méthodique des papiers et archives de leur bureau.

Ils doivent également pourvoir, au moyen de cet abonnement, au logement de leurs bureaux et aux dépenses nécessitées par les tournées réglementaires.

42

Marchés. — Les marchés de travaux, fournitures et transports au compte de l'Etat sont faits avec concurrence et publicité, sauf les exceptions ci-après.

43

Marchés. — Il peut être passé des marchés de gré à gré :

1° Pour les fournitures, transports et travaux dont la dépense totale n'excède pas 20.000 fr., ou, s'il s'agit d'un marché passé pour plusieurs années, dont la dépense annuelle n'excède pas 5.000 fr. ;

2° Pour toute espèce de fournitures, de transports ou de travaux, lorsque les circonstances exigent que les opérations du Gouvernement soient tenues secrètes ; ces marchés doivent préalablement avoir été autorisés par le Président de la République, sur un rapport spécial du ministre compétent ;

3° Pour les objets dont la fabrication est exclusivement attribuée à des porteurs de brevets d'invention ;

4° Pour les objets qui n'auraient qu'un possesseur unique ;

5° Pour les ouvrages et objets d'art et de précision dont l'exécution ne peut être confiée qu'à des artistes ou industriels éprouvés ;

6° Pour les travaux, exploitations, fabrications et fournitures qui ne sont faits qu'à titre d'essai ou d'étude ;

7° Pour les travaux que des nécessités de sécurité publique empêchent de faire exécuter par voie d'adjudication ;

8° Pour les objets, matières ou denrées qui, à raison de leur nature particulière et de la spécialité de l'emploi auquel ils sont destinés, doivent être achetés et choisis aux lieux de production ;

9° Pour les fournitures, transports ou travaux qui n'ont été l'objet d'aucune offre aux adjudications, ou à l'égard desquels il n'a été proposé que des prix inacceptables; toutefois, lorsque l'administration a cru devoir arrêter et faire connaître un maximum de prix, elle ne doit pas dépasser ce maximum ;

10° Pour les fournitures, transports ou travaux qui, dans le cas d'urgence évidente amenée par des circonstances imprévues, ne peuvent pas subir les délais des adjudications ;

11° Pour les fournitures, transports ou travaux que l'administration doit faire exécuter au lieu et place des adjudicataires défaillants et à leurs risques et périls ;

12° Pour les affrètements et pour les assurances sur les chargements qui s'ensuivent ;

13° Pour les transports confiés aux administrations de chemins de fer ;

14° Pour les achats de tabac et de salpêtre indigènes, dont le mode est réglé par une législation spéciale;

15° Pour les transports de fonds du Trésor.

44

Cautionnements. — Les cahiers des charges déterminent l'importance et la nature des garanties pécuniaires à produire. Ils peuvent dispenser de l'obligation de déposer un cautionnement provisoire ou définitif. Ils peuvent également disposer que le cautionnement réalisé avant l'adjudication, à titre provisoire, servira de cautionnement définitif.

45

Timbre. Enregistrement. — Les droits de timbre et d'enregistrement auxquels donnent lieu les marchés, soit par adjudication, soit de gré à gré, sont à la charge de ceux qui contractent avec l'État. Les frais de publicité restent à la charge de l'administration.

46

Adjudications. — Sauf les exceptions spécialement autorisées ou résultant des dispositions particulières à certains services, les adjudications et réadjudications sont subordonnées à l'approbation du ministre et ne sont valables et définitives qu'après cette approbation. Les exceptions spécialement autorisées doivent être relatées dans le cahier des charges.

47

Cautionnements. — Les cautionnements, quelle qu'en soit la nature, sont reçus par la Caisse des dépôts et consignations ou par ses préposés.

Les oppositions sur les cautionnements provisoires ou définitifs doivent avoir lieu entre les mains du comptable qui a reçu lesdits cautionnements. Toutes autres oppositions sont nulles et non avenues.

48

Cautionnements. — Les garanties pécuniaires peuvent consister : 1° en numéraire; 2° en rentes sur l'État et valeurs du Trésor au porteur; 3° en rentes sur l'État nominatives ou mixtes. Les valeurs du Trésor transmissibles par voie d'endossement, endossées en blanc, sont considérées comme valeurs au porteur.

49

Cautionnements. — La valeur en capital des rentes à affecter aux cautionnements est calculée : pour les cautionnements provisoires, au cours moyen du jour de la veille du dépôt; pour les cautionnements définitifs, au cours moyen du jour de l'approbation de l'adjudication.

Les bons du Trésor à l'échéance d'un an ou de moins d'un an sont acceptés pour le montant de leur valeur en capital et intérêts.

Les autres valeurs déposées pour cautionnement sont calculées d'après le dernier cours publié au *Journal officiel*.

50

Cautionnements. — Lorsque le cautionnement consiste en rente nominative, le titulaire de l'inscription de rente souscrit une déclaration d'affectation de la rente et donne à la Caisse des dépôts et consignations un pouvoir irrévocable à l'effet de l'aliéner, s'il y a lieu.

51

Cautionnements. — Lorsque des rentes ou valeurs affectées à un cautionnement définitif donnent lieu à un remboursement par le Trésor, la somme remboursée est touchée par la Caisse des dépôts et consignations et cette somme demeure affectée au cautionnement jusqu'à due concurrence, à moins que le cautionnement ne soit reconstitué en valeurs semblables.

52

Marchés. — Les marchés de gré à gré sont passés par le ministre ou par les fonctionnaires qu'il a délégués à cet effet. Ils ont lieu :

1° Soit sur un engagement souscrit à la suite du cahier des charges ;

2° Soit sur une soumission souscrite par celui qui propose de traiter ;

3° Soit sur une correspondance, suivant les usages du commerce.

Les marchés passés par les délégués du ministre sont soumis à son approbation, si ce n'est en cas de force majeure ou sauf les dispositions particulières à certains services et les exceptions spécialement autorisées.

Les cas de force majeure et les autorisations spéciales doivent être relatés dans lesdits marchés.

53

Achats sur simple facture. — Il peut être suppléé aux marchés écrits par des achats sur simple facture pour les objets qui doivent être livrés immédiatement, quand la valeur de chacun de ces achats n'excède pas 1.500 fr.

Cette limite de 1.500 fr. ne se mesure pas à la valeur de tels ou tels objets compris dans la facture, mais à la valeur de l'achat lui-même, à la valeur de la totalité des objets auxquels s'applique l'achat ; et l'on ne saurait se soustraire à la production d'un marché en scindant une facture (1).

(1) Référés de la Cour des comptes des 2 février 1878 et 20 décembre 1879.
On peut, dans certains cas, lorsqu'il n'est plus possible de passer un marché, demander l'enregistrement de la facture.

54

Marchés. — L'approbation ministérielle donnée à un achat qui excède, à quelque degré que ce soit, la limite de 1.500 fr. ne peut suppléer à la production d'un marché (1).

55

Marchés. — La dispense de marché s'étend aux travaux et transports dont la valeur présumée n'excède pas 1.500 francs et qui peuvent être exécutés sur simple mémoire.

56

Marchés. — A l'égard des ouvrages d'art et de précision dont le prix ne peut être fixé qu'après l'entière exécution du travail, une clause spéciale du marché détermine les bases d'après lesquelles le prix sera liquidé ultérieurement.

57

Régie. — Les dispositions concernant les adjudications publiques et les marchés de gré à gré ne sont pas applicables aux travaux que l'administration est dans la nécessité d'exécuter en régie, soit à la journée, soit à la tâche.

58

Régie. — L'exécution en régie est autorisée par le ministre ou par son délégué.

Les fournitures de matériaux nécessaires à l'exécution en régie sont néanmoins soumises, sauf le cas de force majeure, à toutes ces dispositions.

59

Marchés. — Les dispositions concernant les adjudica-

(1) Référé de la Cour des comptes du 20 décembre 1879.

tions publiques et les marchés de gré à gré sont applicables aux marchés passés en Algérie et aux colonies [1].

A partir de l'ordre de mobilisation, ces dispositions cessent d'être obligatoires pour les départements de la guerre et de la marine.

60

Intérêts. — Aucune stipulation d'intérêts ou de commissions de banque ne peut être consentie au profit d'un entrepreneur, fournisseur ou régisseur, à raison d'emprunts temporaires ou d'avances de fonds pour l'exécution et le paiement des services publics.

Toutefois, le ministre peut, par décision, accorder des intérêts moratoires à des fournisseurs dont les créances n'ont pu, faute de crédits suffisants, être ordonnancées dans les délais fixés par les contrats [2].

61

Travaux. — Les travaux d'entretien des bâtiments civils peuvent être exécutés à prix de règlement.

Les mémoires sont produits en double expédition, dont une sur papier timbré, destinée à être jointe au mandat de paiement.

Les mémoires sur papier timbré mentionnent les quantités obtenues pour les articles de même nature, les prix avec leurs numéros de série, et les sommes qui en résultent. Ils comprennent les demandes des entrepreneurs et le règlement des vérifications arrêté par l'architecte.

Il peut être délivré des acomptes après une autorisation spéciale du ministre, et alors l'architecte dresse un état sommaire des travaux sur lesquels il propose l'acompte, qui,

---

(1) Décret du 26 octobre 1898.

(2) Avis du Comité consultatif des colonies du 31 juillet 1895.

dans aucun cas, ne peut excéder la moitié du montant des travaux exécutés. Il ne pourra être fait un nouveau paiement avant que les entrepreneurs aient justifié des acomptes par la production d'un mémoire qui sera réglé dans les formes déterminées ci-dessus.

62

Baux. — Tout bail doit être autorisé par le ministre ou par son délégué spécial. L'approbation du ministre est nécessaire pour les baux qui ont plus de neuf ans de durée.

63

Immeubles. — Les acquisitions d'immeubles sont autorisées, suivant les cas, soit par la loi, soit par décret ou par décision ministérielle.

64

Liquidation. — Aucune créance ne peut être liquidée à la charge du Trésor que par le ministre ou par ses délégués.

Les administrateurs et ordonnateurs sont responsables de l'exactitude des certifications qu'ils délivrent.

65

Intérêts. — Dans les liquidations d'intérêts à la charge ou au profit de l'État, l'année doit être comptée conformément aux dispositions des articles 584 et 586 du Code civil et 132 du Code de commerce, chaque jour représentant le 1/365e du taux de l'intérêt d'un an ou le 1/366e si l'année est bissextile.

66

Traitements. — Les traitements et les émoluments assimilés aux traitements se liquident par mois et sont payables à terme échu. Chaque mois, quel que soit le nombre de jours dont il se compose, compte pour trente jours. Le douzième de l'allocation annuelle se divise, en conséquence, par trentième ; chaque trentième est indivisible.

Les états ou décomptes mensuels de liquidation portent sur le douzième des allocations annuelles. Les centimes compris dans ce douzième entrent dans le décompte, mais toute fraction de centime se néglige. Les décomptes présentent distinctement les diverses retenues à exercer au profit du Trésor pour le service des pensions civiles ou pour toute autre cause et font ressortir la somme nette à payer à chaque titulaire. Chaque fraction de centime est complétée par un centime au profit du Trésor.

67

Retenues. — Les fonctionnaires et employés rétribués par l'État supportent indistinctement, au profit du Trésor, et sans pouvoir les répéter dans aucun cas, les retenues ci-après :

1° Une retenue de 5 p. 100 sur les sommes payées à titre de traitement fixe ou éventuel, de supplément de traitement, de salaires, ou constituant, à tout autre titre, un émolument personnel [1] ;

2° Une retenue du douzième du montant net du traitement ou de la rétribution, lors de la première nomination ou dans le cas de réintégration, à prélever par quart sur les quatre premières mensualités entières, et une autre du douzième net de toute augmentation ultérieure ;

3° Les retenues ordonnées par le ministre pour cause de congés ou d'absences ou par mesure disciplinaire.

Ces dispositions s'appliquent aux membres de la Cour des comptes.

(1) La retenue de 5 p. 100 s'exerce sur le traitement intégral du fonctionnaire en congé. (Note de la Comptabilité publique du 22 septembre 1891.)

68

Retenues. — Les fonctionnaires et employés qui, sans cesser d'appartenir au cadre permanent de leur administration et en conservant leurs droits à l'avancement hiérarchique ainsi qu'à la pension, sont rétribués en tout ou en partie sur les fonds départementaux ou communaux, sur les fonds des compagnies concessionnaires, et même sur des remises et salaires payés par des particuliers, supportent les retenues pour pensions civiles sur l'intégralité de leurs rétributions.

Pour ceux qui sont rétribués par des salaires et des remises variables, la retenue du premier douzième des augmentations s'exerce en se reportant au dernier prélèvement subi par le titulaire, soit à titre de premier mois de traitement, soit à titre de premier douzième d'augmentation, et la différence existant entre la moyenne du traitement frappé de la dernière retenue et celle des émoluments afférents au nouvel emploi, constitue l'augmentation passible de la retenue du premier douzième.

Un fonctionnaire de préfecture versant à une caisse de retraite sur fonds départementaux est soumis à la retenue du premier douzième de son nouveau traitement lorsqu'il est nommé à un emploi rétribué par l'État [1].

69

Retenues. — Le fonctionnaire démissionnaire, révoqué ou destitué, ainsi que celui dont la pension a été liquidée, s'il est réadmis dans un emploi assujetti à la retenue, subit de nouveau la retenue du premier mois de son traitement et celle du premier douzième des augmentations ultérieures. Celui qui, par mesure disciplinaire ou par mutation volon-

---

(1) Arrêts de la Cour des comptes, 1874, 2e partie; 1877, 2e partie; 1879, 2e partie.

taire d'emploi, est descendu à un traitement inférieur, subit la retenue du premier douzième des augmentations subséquentes.

70

Retenues. — Le fonctionnaire remplacé dans son emploi et mis en jouissance d'une pension de retraite concédée par application des lois des 9 décembre 1884 et 26 décembre 1887 ne doit pas, s'il est appelé de nouveau à des fonctions publiques, subir la retenue du premier douzième sur l'intégralité de son nouveau traitement (1).

71

Congés. — Les fonctionnaires et employés ne peuvent obtenir, chaque année, un congé ou une autorisation d'absence de plus de quinze jours, sans subir une retenue. Toutefois, un congé d'un mois, sans retenue, peut être accordé à ceux qui n'ont joui d'aucun congé et d'aucune autorisation d'absence pendant trois années consécutives.

Pour les congés de moins de trois mois, la retenue est de la moitié au moins et des deux tiers au plus du traitement. Après trois mois de congé consécutifs ou non dans la même année, l'intégralité du traitement est retenue.

Si, pendant l'absence d'un employé, il y a lieu de pourvoir à des frais d'intérim, le montant en est précompté, jusqu'à due concurrence, sur la retenue qu'il doit subir.

72

Retenues. — Les retenues à verser annuellement par les fonctionnaires en congé, en non-activité ou en disponibilité, qui sont admis par la loi du 9 juin 1853 à conserver leurs droits à la retraite, ne peuvent être inférieures à celles qu'ils supportaient sur leur dernier traitement d'activité.

---

(1) Décision du Ministre des finances du 30 avril 1895.

Toutefois, cette disposition n'est pas applicable aux fonctionnaires en congé pour maladie. Pour les agents diplomatiques et consulaires, cette retenue sera faite seulement sur la partie de leur traitement d'activité qui correspond au traitement de leur grade, abstraction faite de celle qui correspond aux indemnités spéciales du poste (1).

73

Retenues. — Lorsque le fonctionnaire en congé, en non-activité ou en disponibilité continuera à jouir d'un traitement réduit, le recouvrement des retenues auxquelles il est assujetti d'après les précédentes dispositions donnera lieu à deux opérations distinctes : les retenues normales de 5 p. 100 afférentes au traitement d'inactivité figureront sur chacun des mandats émis au nom du fonctionnaire; elles seront, par suite, précomptées au moment du paiement et elles seront directement appliquées au compte des retenues pour le service des pensions civiles. Quant aux retenues correspondant à la différence entre le traitement d'inactivité et le dernier traitement d'activité, elles seront centralisées dans les écritures du receveur central de la Seine; elles feront en conséquence l'objet de titres de perception émis annuellement par les ministères intéressés.

Pour permettre à la Cour des comptes d'opérer les rapprochements utiles à son contrôle, les mandats de traitements délivrés au profit des agents indiqueront le montant du dernier traitement d'activité touché par le titulaire et en outre le numéro sous lequel celui-ci est compris dans le titre de perception collectif (2).

74

Absences. — En cas d'absence pour cause de maladie

(1) Loi du 28 décembre 1895, art. 40.
(2) Circulaire de la Comptabilité publique du 17 juillet 1897.

dûment constatée, le fonctionnaire ou l'employé peut être autorisé à conserver l'intégralité de son traitement pendant un temps qui ne peut excéder trois mois ; pendant les trois mois suivants, il peut obtenir un congé avec retenue de moitié au moins et des deux tiers au plus du traitement. Si la maladie est déterminée par l'une des causes exceptionnelles prévues au premier et au deuxième paragraphe de l'article 11 de la loi du 9 juin 1853, le fonctionnaire peut conserver l'intégralité de son traitement jusqu'à son rétablissement ou jusqu'à sa mise à la retraite.

Sont affranchies de toute retenue les absences ayant pour cause l'accomplissement d'un des devoirs imposés par la loi.

Les membres de la Cour des comptes qui n'ont pas joui des vacances, peuvent obtenir, en une ou plusieurs fois dans l'année, un congé d'un mois sans retenue.

75

Absences. — Le fonctionnaire ou l'employé qui s'est absenté ou a dépassé la durée de ses vacances ou de son congé sans autorisation, peut être privé de son traitement pendant un temps double de celui de son absence irrégulière.

Une retenue, qui ne peut excéder deux mois de traitement, peut être infligée par mesure disciplinaire dans le cas d'inconduite, de négligence ou de manquement au service.

Ces dispositions ne sont pas applicables aux membres de la Cour des comptes.

76

Indemnités. — Les indemnités fixes ou variables attachées à l'exercice de divers emplois en raison, soit de circonstances locales, soit de services spéciaux, extraordinaires ou temporaires, ne sont point assimilées aux traitements fixes, lors même qu'elles sont payables par imputation sur les crédits affectés aux traitements.

77

Retenues. — Sont affranchies de retenues les sommes payées à titre d'indemnités pour frais de représentation, de gratifications éventuelles, de salaire de travail extraordinaire, d'indemnités pour missions extraordinaires, d'indemnités de perte, de frais de voyage, d'abonnements et d'allocations pour frais de bureau, de régie et de loyer, et de remboursement de dépenses.

78

Retenues. — Les frais fixes alloués à l'ingénieur en chef, directeur du dépôt des plans à l'École des mines, aux ingénieurs attachés comme secrétaires aux conseils généraux des ponts et chaussées et des mines, aux inspecteurs ou professeurs à l'École des ponts et chaussées de Paris, à l'École des mines de Paris et à l'École des mines de Saint-Étienne, à l'École des maîtres mineurs d'Alais sont assujettis à la retenue de 5 p. 100.

79

Traitements. — Tout rappel de traitement et autre émolument personnel se liquide distinctement à la charge de l'exercice déterminé par l'année pendant laquelle les droits au rappel ont été acquis.

80

Traitements. — Les reprises à opérer pour traitements ou émoluments indûment payés peuvent être précomptées sur les liquidations de droits ultérieurement acquis, lorsque la dépense à annuler et la dépense à acquitter sont homogènes et concernent le même exercice et le même article du budget; il suffit alors d'expliquer l'opération dans le nouveau décompte, sur lequel il est fait déduction de la somme à répéter aux titulaires.

Ce mode de reprise par compensation s'applique également aux retenues.

81

Grattage. — Aucune pièce produite pour la justification des dépenses ne doit être grattée ni surchargée.

Lorsqu'il y a lieu d'y opérer une rectification dans la somme ou dans le texte, la partie à corriger est biffée au moyen d'un trait de plume et remplacée par l'énonciation exacte qui doit lui être substituée. La substitution, en interligne ou par renvoi, est approuvée et signée ou paraphée par le liquidateur.

82

Responsabilité. — Les ordonnateurs demeurent chargés, sous leur responsabilité, de la remise aux ayants droit des lettres d'avis ou extraits des ordonnances de paiement.

83

Signatures. — La signature des ordonnateurs secondaires est, au moment de leur entrée en fonctions, accréditée auprès des comptables sur la caisse desquels ils peuvent avoir des mandats de paiement à délivrer.

84

Responsabilité. — Les ordonnateurs secondaires demeurent chargés, sous leur responsabilité, de la remise aux ayants droit des mandats qu'ils délivrent sur les caisses du Trésor.

85

Créancier. — Les ordonnances de paiement et les mandats doivent désigner le titulaire de la créance par son nom et, au besoin, par ses prénoms, si sa qualité, qui doit aussi être énoncée, ne suffit pas pour faire reconnaître son individualité.

Le caissier-payeur central du Trésor public a toute latitude à l'égard de la constatation de l'individualité des parties. Il paie sous sa responsabilité personnelle et est seul juge des précautions qu'il doit prendre pour sauvegarder cette responsabilité [1].

86

Perte. — En cas de perte d'un extrait d'ordonnance de paiement ou d'un mandat, il en est délivré un duplicata sur la déclaration motivée de la partie intéressée et d'après l'attestation écrite du comptable chargé du paiement portant que l'ordonnance ou le mandat n'a été acquitté ni par lui, ni pour son compte et sur son visa par un autre comptable.

Des copies certifiées de la déclaration de perte et de l'attestation de non-paiement sont remises par le payeur à l'ordonnateur, qui les garde pour sa justification. Les originaux sont joints au paiement.

87

Justifications. — Toute ordonnance et tout mandat de paiement doivent, pour être payés à l'une des caisses du Trésor public, être appuyés des pièces qui constatent que leur effet est d'acquitter en tout ou en partie une dette de l'État régulièrement justifiée.

88

Justifications. — Toute ordonnance et tout mandat de paiement doivent indiquer le nombre et la nature des pièces qui s'y trouvent jointes.

---

(1) Rapport du Ministre des finances du 1er août 1879.

89

Bordereau. — Lorsque plusieurs pièces justificatives de dépenses sont produites à l'appui d'une ordonnance ou d'un mandat, elles doivent être accompagnées d'un bordereau énumératif, à moins que ces pièces ne soient énoncées dans l'ordonnance ou dans le mandat.

Elles sont retenues par les comptables chargés du paiement, qui doivent procéder immédiatement à leur vérification et en suivre, lorsqu'il y a lieu, la régularisation près des ordonnateurs.

90

Paiements. — Les ordonnances et mandats ont pour objet des paiements pour dépense intégrale ou des paiements d'avances, d'acomptes et pour solde.

91

Paiement. — Les ordonnances et mandats délivrés pour le paiement intégral d'un service fait doivent toujours être accompagnés de toutes les pièces justificatives établissant le droit du créancier de l'État.

92

Avances. — Les ordonnances et mandats délivrés pour un service à faire donnent lieu aux paiements d'avances.

93

Acomptes. — Les ordonnances et mandats délivrés pour un service en cours d'exécution donnent lieu aux paiements d'acomptes.

Aucun marché, aucune convention pour travaux et fournitures ne doit stipuler d'acomptes que pour un service fait.

94

Acomptes. — Les acomptes ne doivent pas excéder les cinq sixièmes des droits constatés par pièces régulières présentant le décompte du service fait.

Pour le service des bâtiments civils, l'acompte ne peut excéder, dans aucun cas, la moitié des travaux exécutés.

Toutefois, la proportion des acomptes peut être modifiée, sans pouvoir excéder les onze douzièmes des droits constatés.

95

Justifications. — Lorsqu'une dépense donne lieu à la délivrance de plusieurs ordonnances ou mandats d'acomptes, il faut distinguer, pour les justifications à produire, si les dépenses résultent ou non de marchés.

A l'appui de la première ordonnance ou du premier mandat d'acompte, on produit, avec le décompte portant liquidation du service fait, savoir : pour les dépenses provenant de marchés, des extraits certifiés des conventions et le certificat constatant la réalisation du cautionnement ou la dispense qui en a été donnée; pour les autres natures de dépenses, les pièces qui ont créé ou autorisé le service, telles que baux, contrats, jugements, décisions ministérielles ou administratives. A l'égard des acomptes subséquents, il suffit, dans l'un ou l'autre cas, d'annexer aux ordonnances ou mandats le nouveau décompte du service fait, de rappeler les justifications déjà fournies, ainsi que le montant détaillé des acomptes payés, et de faire mention des dates et numéros des ordonnances ou mandats antérieurs.

Quant au paiement pour solde, il doit être appuyé du décompte général de l'entreprise ou de la fourniture et, s'il s'agit de travaux, du procès-verbal de réception définitive.

96

Acomptes. — Solde. — Lorsque, en raison de circonstances particulières, des paiements pour acompte ou pour solde sur un service ou sur une créance sont assignés sur une caisse autre que celle où les précédents acomptes auraient été acquittés, l'ordonnateur adresse aux comptables qui ont payé ces acomptes un bulletin faisant connaître le lieu où doit s'effectuer le paiement du solde, ainsi que le numéro et la date de l'ordonnance ou du mandat délivré, et à l'appui duquel se trouvent annexées les pièces justificatives de la dépense déjà produites. Ce bulletin est destiné à être joint à la dernière ordonnance ou au dernier mandat d'acompte payé à chaque caisse.

De son côté, le comptable chargé des paiements subséquents reçoit pour le même emploi, avec la première ordonnance ou le premier mandat indiqué sur sa caisse, un bulletin semblable contenant les indications relatives aux paiements antérieurs et, en outre, pour la garantie de sa responsabilité personnelle, un certificat de non-opposition sur le titulaire de la créance, délivré par chacun des comptables ayant participé à ces paiements.

97

Traitements. — Les ordonnances et mandats de paiement délivrés pour les dépenses du personnel comprennent le montant brut des traitements, remises, salaires et autres émoluments passibles de retenues au profit du Trésor public. Ces retenues y sont présentées distinctement et elles entrent dans le montant de la dépense ordonnancée ou mandatée.

98

Traitements. — Tout fonctionnaire ou employé qui

jouit de plusieurs traitements à la charge de différents services est tenu d'en faire la déclaration aux ordonnateurs respectifs.

Les ordonnances et mandats expédiés au nom d'un titulaire de plusieurs emplois sont libellés de manière à donner au payeur et à la Cour des comptes les moyens d'apprécier, sous tous les rapports, la position de la partie prenante en ce qui concerne les dispositions des lois et règlements sur le cumul.

99

Paiement. — Aucun paiement ne peut être effectué qu'au véritable créancier justifiant de ses droits et pour l'acquittement d'un service fait.

Toutefois, il peut être stipulé, en faveur des constructeurs d'instruments astronomiques, des avances de fonds ne pouvant excéder le tiers du total de la dépense (1).

100

Secours. — Les secours accordés à d'anciens militaires ou à des veuves et orphelins de militaires peuvent être acquittés, sans production de procuration, entre les mains de toute personne désignée spécialement par le ministre sur l'ordonnance ou le mandat de paiement.

101

Incompatibilité. — Les fonctions de comptable sont incompatibles avec celles d'ordonnateur et d'administrateur.

102

Échéances. — Dans aucun cas, le payeur ne peut être tenu d'acquitter les ordonnances de paiement qui n'auraient

(1) Décret du 23 septembre 1876.

pas au moins dix jours de date, ni les mandats délivrés depuis moins de cinq jours.

Cette disposition n'est pas applicable aux dépenses qui ont un caractère d'urgence évident.

Un paiement dont l'échéance tombe un jour férié peut être fait la veille (1).

103

Lieu de paiement. — A moins de circonstances particulières, dont le ministre se réserve l'appréciation, les paiements doivent toujours être assignés, lorsqu'il s'agit de dépenses de matériel, sur une caisse du département où le service a été exécuté. Dans le cas d'une entreprise, ils peuvent être effectués sur le point où est établi le siège principal de cette entreprise.

104

Réassignation. — Lorsque le titulaire d'une ordonnance ou d'un mandat demande que le paiement en soit réassigné sur une autre caisse, il doit produire :

1° L'extrait d'ordonnance ou le mandat et, en cas de perte, un certificat de non-paiement ;

2° Un certificat spécial constatant qu'il n'existe pas d'opposition contre lui à la caisse où le paiement avait été primitivement assigné.

Ce dernier certificat doit être également produit en cas de demande de paiement pour un service du matériel sur une caisse autre que celle où de précédents paiements auraient eu lieu pour le même service.

L'extrait d'ordonnance de virement à délivrer par le payeur sur la caisse duquel la créance a été primitivement

(1) Note du Mouvement des fonds du 5 juin 1880.

ordonnancée doit relater que, depuis la délivrance du certificat spécial, il n'est pas survenu d'opposition.

105

Cautionnements. — Les remboursements de capitaux de cautionnements ne peuvent être autorisés que dans le département où les titulaires ont exercé en dernier lieu. Les ordonnances de paiement d'intérêts de cautionnements sont exclusivement délivrées sur la caisse du trésorier-payeur général du département dans lequel les titulaires exercent leurs fonctions.

106

Cautionnements. — Le caissier-payeur central, les trésoriers-payeurs généraux, les receveurs particuliers des finances reçoivent directement au compte des cautionnements en numéraire les versements qui leur sont faits à ce titre par les comptables nommés aux fonctions de trésoriers-payeurs généraux et de receveurs particuliers.

Les cautionnements des trésoriers-payeurs, des payeurs et des trésoriers particuliers en Algérie et aux colonies sont versés à la caisse centrale du Trésor et aux caisses des trésoriers-payeurs généraux et des receveurs particuliers. Le remboursement des mêmes cautionnements est opéré par la caisse centrale du Trésor.

Il n'y a pas de distinction à établir entre les intérêts ordonnancés isolément ou cumulativement avec les capitaux [1].

Toutefois, les trésoriers-payeurs, les payeurs et les trésoriers particuliers en Algérie et aux colonies peuvent exceptionnellement verser leurs cautionnements et en obtenir le

(1) Note du Secrétariat général du 12 février 1874.

remboursement aux caisses du Trésor dans les colonies, en vertu d'une autorisation spéciale du ministre des finances [1].

107

Avances. — Pour faciliter l'exploitation des services administratifs régis par économie, il peut être fait aux agents spéciaux de ces services, et sans justifications préalables, l'avance d'une somme qui ne doit pas dépasser 20.000 fr. pour chacun; mais sous la condition expresse de rapporter, avant de toucher une nouvelle avance et dans le délai d'un mois, les quittances des créanciers réels et autres pièces justificatives.

Le montant de toute avance ou portion d'avance dont l'emploi ne serait pas justifié à l'expiration de ce délai, est immédiatement reversé dans une caisse publique.

108

Avances. — Toutefois, pour les services qui s'exécutent en Algérie et à l'étranger, le chiffre des avances et le délai dans lequel leur justification doit être fournie peuvent excéder la limite réglementaire.

En Algérie, le montant de l'avance est fixé à 35.000 fr. et le délai de justification à quarante-cinq jours.

Ce délai peut être porté à quatre-vingt-dix jours pour les avances faites aux agents des services régis par économie dans les ports de l'extrême sud algérien et de l'extrême sud de la régence de Tunis.

109

Avances. — Les agents spéciaux chargés exceptionnellement de la gestion de plusieurs services reçoivent, pour

(1) Arrêté du Ministre des finances du 8 janvier 1898. — Circulaire de la Comptabilité publique du 12 février 1898.

chacun de ces services, des avances distinctes et qui ne sont pas solidaires les unes des autres, en ce qui concerne les justifications à fournir (1).

110

Avances. — Les agents spéciaux auxquels il a été fait des avances de fonds ne sont pas obligés de justifier de leurs paiements par sommes égales au montant de chaque avance; ainsi lorsqu'ils ont entre les mains des pièces de dépenses pour une somme supérieure à l'avance qu'il s'agit de régulariser, ces pièces ne doivent pas être scindées, mais l'excédent de justification est reporté sur l'avance subséquente.

Les reversements de fonds ont donc lieu seulement lorsque le comptable ne peut pas produire, dans les délais fixés ci-dessus, des justifications pour une somme égale ou supérieure au montant de l'avance qu'il a reçue. Les reversements s'effectuent également en fin d'année ou de gestion, de telle sorte qu'il n'existe jamais d'excédent à reporter d'une gestion ou d'une année à l'autre, lorsque les dépenses n'ont pas, auxdites époques, épuisé entièrement le montant des fonds avancés. Si le chiffre des dépenses est au contraire supérieur à celui de l'avance reçue, les pièces sont scindées de manière à empêcher le report.

111

Avances. — Les agents spéciaux des services régis par économie dressent des bordereaux, en double expédition, des pièces et quittances fournies par les parties prenantes, en y joignant, s'il y a lieu, la déclaration de reversement de la somme non employée ou non justifiée; ils soumettent ces bordereaux à la vérification et au visa de l'ordonnateur, et les produisent ensuite avec pièces à l'appui aux payeurs;

(1) Décret du 24 juin 1884.

qui leur remettent une expédition desdits bordereaux, après l'avoir revêtue de leur déclaration de réception.

112

Avances. — En cas de retard de la part d'un agent d'un service régi par économie dans la remise des pièces qu'il doit produire au trésorier-payeur général, ce comptable s'adresse à l'ordonnateur, qui est tenu de prendre les dispositions nécessaires pour faire cesser ce retard.

113

Timbre. — Toutes les fois que le timbre est exigible, d'après les lois et règlements, pour les justifications relatives au paiement des dépenses de l'État, il est à la charge des créanciers.

114

Cautionnement. — Il ne peut être fait aucun paiement aux entrepreneurs ou fournisseurs assujettis à un cautionnement matériel, avant qu'ils aient justifié de la réalisation de ce cautionnement.

115

Non-paiement. — Les agents de la dépense ne peuvent suspendre un paiement assigné sur leur caisse que s'ils reconnaissent qu'il y a omission ou irrégularité matérielle dans les pièces produites.

Il y a irrégularité matérielle toutes les fois que les indications de noms, de service ou de sommes portées dans l'ordonnance ou le mandat ne sont pas d'accord avec celles qui résultent des pièces justificatives y annexées, ou lorsque ces pièces ne sont pas conformes aux règlements et instructions.

En cas de refus de paiement, le comptable du Trésor est

tenu de remettre immédiatement la déclaration écrite et motivée de son refus au porteur de l'ordonnance ou du mandat, et il en adresse copie le jour même au ministre des finances. Si, malgré cette déclaration, l'ordonnateur requiert par écrit et sous sa responsabilité qu'il soit passé outre au paiement, le comptable y procède sans autre délai et il annexe à l'ordonnance ou au mandat, avec une copie de sa déclaration, l'original de l'acte de réquisition qu'il a reçu. Il rend compte immédiatement de cet incident au ministre des finances et, de son côté, l'ordonnateur informe sur-le-champ le ministre dont il dépend des circonstances et des motifs qui ont nécessité de sa part l'exercice du droit de réquisition.

S'il se produisait des réquisitions qui eussent pour effet soit de faire acquitter une dépense sans qu'il y eût disponibilité de crédits chez le payeur ou justification du service fait, soit de faire effectuer un paiement suspendu pour des motifs touchant à la validité de la quittance, le comptable, avant d'y obtempérer, devrait en référer au ministre des finances.

116

Avances. — Toute avance ou portion d'avance qui resterait à justifier lors de la clôture d'un exercice constitue une créance de l'État dont le recouvrement est susceptible d'être poursuivi par l'agent judiciaire du Trésor.

117

Cautionnements. — Les cautionnements dont le remboursement n'a pas été effectué par le Trésor public, faute de productions ou de justifications suffisantes, dans le délai d'un an à compter de la cessation des fonctions du titulaire ou de la réception des fournitures et travaux, peuvent être versés, en capital et intérêts, à la Caisse des dépôts et consignations. Ce versement libère définitivement le Trésor.

118

Oppositions. — Toutes saisies-arrêts ou oppositions sur les sommes dues par l'État, toute signification de cession ou transport desdites sommes et toutes autres ayant pour objet d'en arrêter le paiement doivent être faites entre les mains des trésoriers-payeurs généraux, agents ou préposés sur la caisse desquels les ordonnances ou mandats sont délivrés.

Néanmoins, à Paris, et pour tous les paiements à effectuer à la caisse centrale du Trésor public, elles sont exclusivement faites entre les mains du conservateur des oppositions au ministère des finances.

Sont considérées comme nulles et non avenues toutes oppositions et significations faites à toutes autres personnes, sauf en ce qui concerne les cautionnements.

119

Oppositions. — Lesdites saisies-arrêts, oppositions ou significations n'ont d'effet que pendant cinq années de leur date, si elles n'ont pas été renouvelées dans ledit délai, quels que soient d'ailleurs les actes, traités ou jugements intervenus à leur égard.

En conséquence, à l'expiration de ce délai, elles sont rayées d'office des registres dans lesquels elles avaient été inscrites.

120

Oppositions. — Les retenues à exercer sur la solde et les suppléments de solde des officiers et employés militaires pour sommes à rembourser soit à des tiers, soit au Trésor public, ne peuvent excéder le cinquième de la somme nette, à moins de décision contraire du ministre.

Les retenues à titre de secours alimentaires dans les cas prévus par les articles 203, 205 et 214 du Code civil peuvent être du tiers.

121

Oppositions. — Les oppositions sur cautionnements en numéraire peuvent être faites, suivant la qualité des agents, soit aux greffes des tribunaux civils ou de commerce dans le ressort desquels les titulaires exercent ou ont exercé leurs fonctions, soit au Trésor, au bureau des oppositions. Celles qui sont faites aux greffes des tribunaux doivent être notifiées au Trésor pour valoir sur les intérêts.

Les oppositions à faire sur les cautionnements des titulaires inscrits sans désignation de résidence sur les livres du Trésor doivent être signifiées au bureau des oppositions, à Paris.

122

Oppositions. — Les appointements ou traitements des employés ou commis et des fonctionnaires ne sont saisissables que jusqu'à concurrence du dixième lorsqu'ils ne dépassent pas 2.000 fr.

Les salaires des ouvriers et gens de service ne sont saisissables que jusqu'à concurrence du dixième, quel que soit le montant de ces salaires.

Les appointements, traitements et salaires visés ci-dessus ne peuvent être cédés que jusqu'à concurrence d'un autre dixième.

Les cessions et saisies, faites pour le paiement des dettes alimentaires prévues par les articles 203, 205, 206, 207, 214 et 349 du Code civil ne sont pas soumises aux restrictions qui précèdent.

Les traitements au-dessus de 2.000 fr. des fonctionnaires et employés sont saisissables jusqu'à concurrence du cinquième sur les premiers 1.000 fr., du quart sur les 5.000 fr. suivants et du tiers sur la portion excédant 6.000 francs, à quelque somme qu'elle s'élève.

La retenue doit être calculée sur le chiffre brut du traitement, sans déduction du prélèvement pour la retraite ou pour congé.

123

Oppositions. — Les indemnités, gratifications et autres allocations accordées comme accessoires des appointements fixes sont susceptibles, comme eux, d'être grevées d'oppositions. L'indemnité est alors cumulée avec le traitement et c'est sur la somme produite par ce cumul qu'il y a lieu d'opérer la retenue prescrite par la loi.

124

Oppositions. — La portion saisissable des appointements ou traitements, arrêtée par des saisies-arrêts ou oppositions, est versée d'office et à la fin de chaque mois à la Caisse des dépôts et consignations.

Le dépôt de toutes autres sommes frappées de saisies-arrêts ou oppositions ne peut être effectué à la Caisse des dépôts et consignations qu'autant qu'il a été autorisé par la loi, par justice ou par un acte passé entre l'administration et ses créanciers.

125

Clôture des paiements. — Les ordonnances de paiement, ainsi que les mandats des ordonnateurs secondaires, sont payables jusqu'au 30 avril de la seconde année de l'exercice par les comptables sur la caisse desquels ils ont été délivrés, mais jusqu'au 20 seulement aux caisses des autres agents des finances.

126

Exercices clos. — Les ordonnances de paiement pour les dépenses d'exercices clos doivent relater le numéro d'ordre donné à chaque créance sur les états nominatifs des restes à payer à la clôture de l'exercice ou sur les états supplémentaires. Elles doivent, en outre, indiquer l'exercice ou l'année à laquelle se rapporte la créance à payer; si elles comprennent des créances de plusieurs années, les sommes afférentes à chacune d'elles y sont détaillées et totalisées.

127

Exercices clos. — Les ordonnances pour dépenses d'exercices clos ne sont, par exception et à raison de la date d'échéance de la prescription quinquennale, valables que jusqu'à la fin de l'année pendant laquelle elles ont été émises. A défaut de paiement, l'annulation en a lieu d'office, à cette époque, par les agents du Trésor, et le réordonnancement des dépenses n'est effectué que sur une nouvelle réclamation des créanciers.

128

Exercices périmés. — Sont prescrites et définitivement éteintes au profit de l'État, sans préjudice des déchéances prononcées par les lois ou consenties par les marchés ou conventions, toutes créances qui, n'ayant pas été acquittées avant la clôture des crédits de l'exercice auquel elles appartiennent, n'auraient pu, à défaut de justifications suffisantes, être liquidées, ordonnancées et payées dans un délai de cinq années à partir de l'ouverture de l'exercice pour les créanciers domiciliés en Europe et de six années pour les créanciers résidant hors du territoire européen.

Cette disposition n'est pas applicable aux créances dont l'ordonnancement et le paiement n'ont pu être effectués dans les délais déterminés par le fait de l'administration, ou par suite de pourvois formés devant le Conseil d'État.

CHAPITRE II

PRESCRIPTIONS COMMUNES A TOUS LES MINISTÈRES ET DISPOSITIONS PARTICULIÈRES A CERTAINS SERVICES

129

Créancier. — Le titulaire d'une ordonnance est accrédité auprès du comptable du Trésor public au moyen d'une lettre d'avis contenant extrait de l'ordonnance que la partie prenante revêt de son acquit.

Le mandat de paiement tient lieu de lettre d'avis au titulaire de la créance. La partie prenante donne quittance sur le mandat.

130

Ayants droit. — En cas de paiement à des ayants droit ou représentants du titulaire, les comptables doivent exiger, sous leur responsabilité et d'après le droit commun, les pièces constatant, selon le cas, les qualités et droits des parties prenantes.

131

Procurations. — Les procurations sous seings privés ne sont pas assujetties à l'enregistrement [1].

---

(1) Décision du Ministre des finances du 28 avril 1884. — Circulaire de la Comptabilité publique du 6 février 1892.

132

Justifications. — Lorsqu'il s'agit de services non prévus ou de cas spéciaux pour lesquels les règlements et instructions ont dû laisser aux comptables, sous leur responsabilité, le soin d'exiger les pièces nécessaires, les justifications produites à l'appui des ordonnances ou mandats doivent toujours constater la régularité de la dette et celle du paiement.

133

Justifications. — Avant de procéder au paiement des ordonnances et mandats, les agents chargés de la dépense doivent s'assurer, sous leur responsabilité, que toutes les formalités déterminées par les règlements ont été observées et que les justifications nécessaires sont produites.

134

Visa. — Les pièces justificatives produites à l'appui d'une ordonnance ou d'un mandat doivent être revêtues du visa de l'ordonnateur ou de son délégué; mais lorsqu'elles sont l'objet d'un bordereau énumératif, ce bordereau seul est visé et il suffit, quant aux pièces, qu'elles soient arrêtées par le fonctionnaire ou l'agent administratif chef du service que la dépense concerne.

Toutes les pièces annexes d'un mémoire ou d'une facture doivent être revêtues du visa de l'ordonnateur (1).

135

Acomptes. — Lorsqu'il est ordonnancé ou mandaté des acomptes sur une dépense, la première ordonnance ou le premier mandat doit être appuyé des pièces qui constatent

(1) Lettre du Ministre des finances du 9 décembre 1871 au Ministre de l'instruction publique.

le droit du créancier au paiement de cet acompte. Pour les acomptes subséquents, les ordonnances ou mandats rappellent les justifications déjà produites et relatent les ordonnances ou les mandats précédemment délivrés. Ces justifications sont complétées lors du solde de la dépense.

136

Dates des mémoires. — Les titres produits en justification de dépenses, notamment les mémoires des entrepreneurs et fournisseurs, doivent toujours indiquer la date précise, soit de l'exécution des services ou travaux, soit de la livraison des fournitures.

137

Paiement. — Les dépenses qui donnent lieu à plusieurs paiements doivent toujours être acquittées suivant le même mode, c'est-à-dire qu'elles ne sauraient être payées, partie sur les fonds mis à la disposition des agents des services régis par économie et partie au moyen du mandatement direct.

138

Créancier. — La partie prenante dénommée dans une ordonnance ou dans un mandat doit toujours être le créancier réel, c'est-à-dire la personne qui a fait le service, effectué les fournitures ou travaux, et qui a un droit à exercer contre le Trésor public.

Ainsi dans le cas de marchés passés avec les sociétés anonymes, les administrateurs de ces sociétés agissent pour elles en vertu d'un mandat et les ordonnances délivrées pour les paiements doivent toujours être libellées : « *La Société anonyme de* ..... », en ayant bien soin de n'y pas faire intervenir le nom des administrateurs ou directeurs, qui auront à justifier aux comptables du Trésor de leur qualité et de la validité de leur acquit.

Lorsque les marchés sont passés, soit avec des sociétés en commandite, soit avec des sociétés en nom collectif, c'est toujours la raison sociale, exactement reproduite, qui doit être inscrite dans les ordonnancements ou mandatements, les soumissions et toutes les pièces de dépenses.

Le transport d'une créance ne peut en aucune manière autoriser l'ordonnancement au nom du cessionnaire [1].

139

Héritiers. — Les ordonnances ou mandats délivrés, après le décès d'un créancier de l'État, au profit de ses héritiers, ne désignent pas chacun d'eux, mais portent seulement cette indication générale : « *Les héritiers.* » C'est au comptable chargé de la dépense qu'il appartient, avant de procéder au paiement, d'exiger les titres justificatifs de la qualité des ayants droit.

L'ordonnateur n'est tenu de faire suivre le nom du créancier de la mention : « *Les héritiers* » que lorsque le décès du titulaire est connu au moment de l'émission de l'ordonnance ; au contraire, lorsque celle-ci est transmise au payeur on ne saurait admettre qu'il soit apporté aucune modification à la lettre d'avis remise aux ayants droit, laquelle doit reproduire exactement les indications portées sur l'ordonnance [2].

140

Héritiers. — Les sommes de 150 fr. et au-dessous peuvent être payées sur la production d'un certificat du maire, délivré sur papier timbré et énonçant que les parties

(1) Notes de l'Ordonnancement du 30 janvier 1877 et du Contentieux du 10 février 1877.

(2) Note de la Comptabilité publique du 24 mars 1898.

y dénommées ont seules droit de toucher la somme due en qualité d'héritiers.

La signature du maire, dans les départements autres que celui de la Seine, doit être légalisée.

141

Héritiers. — Les créances inférieures à 50 fr. peuvent être payées, sur la production des pièces ordinaires, entre les mains de celui des ayants droit qui en aura fait la demande, à la condition qu'il consente à donner acquit en se portant fort pour ses cohéritiers.

142

Enregistrement. — Les certificats délivrés par les maires dans les conditions spécifiées ci-dessus peuvent être produits à tous les comptables, sans avoir été assujettis préalablement à la formalité de l'enregistrement.

Les certificats de propriété délivrés par les notaires, les juges de paix ou les greffiers doivent, en principe, être enregistrés avant d'être produits aux comptables de l'État, des départements ou des communes. Il n'est admis d'exception que pour les certificats de propriété ayant pour objet le paiement des sommes dues par l'État à titre de pension, de rémunération, de secours, de prorata de traitement ou de solde d'activité ; mais, même dans ce dernier cas, la formalité de l'enregistrement doit être remplie lorsqu'il est fait usage des certificats en question soit dans un acte authentique, soit devant les tribunaux ou toute autre autorité compétente [1].

143

Sociétés. — Les sociétés ou associations au profit des-

(1) Circulaire de la Comptabilité publique du 17 juillet 1897.

quelles sont émis des ordonnances ou des mandats n'excédant pas 500 fr. ont la faculté de communiquer au payeur les actes constatant leur existence légale et la qualité de leurs ayants droit sans être astreintes à se dessaisir de ces pièces. Les payeurs ont, dans ce cas, à certifier sur l'extrait d'ordonnance ou sur le mandat que l'associé ou le gérant intervenant au paiement a droit à la signature sociale [1].

Cette mesure s'applique également aux communes et établissements publics [2].

144

Acquits. — Les agents préposés au paiement des dépenses doivent se conformer aux dispositions suivantes, en ce qui concerne les quittances à fournir par les parties prenantes :

1° Les quittances ou acquits donnés au pied des factures et mémoires, les quittances pures et simples sont soumis à un droit de timbre de 10 centimes ;

2° La quittance est apposée sur l'extrait d'ordonnance ou sur le mandat ; elle ne doit contenir ni restrictions ni réserves [3]. Quand l'extrait d'ordonnance ou le mandat est quittancé par le créancier, il n'est pas nécessaire qu'il soit fourni une quittance isolée et distincte. L'extrait d'ordonnance ou le mandat est, s'il y a lieu, soumis au timbre-quittance de 10 centimes ;

3° Lorsque la quittance est produite séparément, comme il arrive si elle doit être extraite d'un registre à souche ou à talon, ou si elle se trouve au bas des contrats, l'extrait d'or-

(1) Décision du Ministre des finances du 4 mai 1898. — Circulaire de la Comptabilité publique des 21 juin et 20 août 1898.

(2) Décision du Ministre de l'intérieur du 23 août 1899. — Circulaire de la Comptabilité publique du 30 octobre 1899.

(3) Les réserves formulées par un entrepreneur sur les pièces administratives sont admissibles : elles n'intéressent pas le payeur, pourvu, bien entendu, que l'acquit soit donné sur le mandat purement et simplement, sans réserves.

donnance ou le mandat n'en doit pas moins être quittancé pour ordre et par duplicata, la décharge du Trésor ne pouvant être séparée de l'ordonnancement qui a ouvert le droit;

4° Toute quittance doit être datée et signée par la partie prenante devant l'agent de la dépense, au moment même du paiement;

5° Si la partie prenante est illettrée ou dans l'impossibilité de signer, la déclaration en est faite au comptable chargé du paiement, qui la transcrit sur l'extrait d'ordonnance ou sur le mandat, la signe et la fait signer par deux témoins présents au paiement pour toutes les créances qui n'excèdent pas 150 fr. Pour les paiements au-dessus de cette somme, il doit être exigé une quittance authentique, enregistrée gratis.

Un décret du 2 novembre 1892 excepte le paiement au comptant des achats de denrées des services des vivres et des fourrages, supérieurs à 150 fr., effectués par les officiers d'approvisionnement et les officiers d'administration des subsistances militaires pendant la période des manœuvres. Ce paiement est fait lorsque le fournisseur déclare ne savoir ou pouvoir signer, en présence de deux témoins qui signent, avec l'officier chargé du paiement, ladite déclaration, qui est transcrite par ce dernier sur la facture;

6° Lorsqu'il s'agit de paiements collectifs, il peut toujours être suppléé aux quittances individuelles par des états d'émargement dûment certifiés; alors l'extrait d'ordonnance ou le mandat doit être revêtu de l'acquit de la personne autorisée à en recevoir le montant;

7° Les états de paiement ordonnancés ou mandatés au profit de corps ou de portions de corps de troupes doivent être acquittés par tous les membres du conseil d'administration. Pour les factures de corps n'ayant point de conseil d'administration, les ordonnances et mandats sont acquittés par l'officier ou le sous-officier commandant. Dans ce dernier cas, le signataire de l'acquit doit être désigné dans l'ordonnance ou dans le mandat par son nom et par la qualité qui lui donne droit à en recevoir le montant sur sa quittance;

8° En matière d'expropriation pour cause d'utilité publique, les quittances peuvent, comme les contrats, être passées dans la forme des actes administratifs;

9° La preuve testimoniale est toujours admise pour les secours [1].

145

Timbre de quittance. — Si les cohéritiers d'un créancier de l'État sont restés dans l'indivision, il n'est dû qu'un droit de timbre de quittance de 10 centimes, attendu qu'il y a vis-à-vis de l'État unité de créance et par conséquent, quel que soit le nombre de signatures apposées, unité de quittance. Si, au contraire, l'indivision a cessé, chaque cohéritier agit pour son compte particulier à l'égard de la somme dont il est attributaire et qu'il retire des caisses du Trésor. Il y a alors autant d'acquits distincts qu'il y a de créanciers donnant quittance, et chaque acquit supérieur à 10 fr. est passible d'un droit de timbre de 10 centimes.

Ce principe s'applique, non seulement aux cohéritiers, mais aussi aux communistes et coïntéressés à un titre quelconque, attendu que, tant que la masse est indivise, il n'existe qu'une seule créance au profit de la collectivité; la pluralité du droit ne se justifie qu'autant que, les droits des parties ayant été réglés, la somme revenant à chacune d'elles se trouve exactement déterminée.

On ne saurait conclure que les cohéritiers d'un créancier de l'État soient sortis de l'indivision de ce fait seul que, dans le certificat de propriété produit par eux, les mots « *conjointement et indivisément* » ont été omis, ou que ce

(1) Instruction générale, article 709.

document a désigné la part (telle que moitié, tiers ou quart) à laquelle chacun des héritiers peut prétendre dans la succession.

Mais l'indivision doit être considérée comme ayant pris fin, et il doit être, par conséquent, apposé autant de timbres à 10 centimes qu'il est donné de quittances pour les sommes supérieures à 10 fr., dans les deux cas suivants :

1° Lorsque les sommes revenant à chacun des cohéritiers sur la somme totale à recevoir se trouvent nettement déterminées dans le certificat de propriété, ou bien, s'il s'agit de coïntéressés, dans le mandat délivré à leur profit, ou dans un état de répartition joint au mandat ;

2° Lorsque le certificat de propriété vise un partage effectué antérieurement entre les cohéritiers ; il convient d'ajouter que, dans ce dernier cas, le certificat de propriété ne peut être délivré que par un notaire [1].

146

Timbre de quittance. — Si le titulaire de l'ordonnance ou du mandat n'est qu'un intermédiaire administratif entre l'État et ses créanciers, la quittance qu'il donne en touchant les fonds est une formalité d'ordre qui ne nécessite pas le timbre-quittance; mais ce timbre est exigé, lorsqu'il y a lieu, sur les quittances des créanciers réels que l'intermédiaire est tenu de rapporter et de produire au comptable.

147

Timbre de dimension. — N'est point soumis à la formalité du timbre de dimension tout bordereau produit par un agent administratif à l'effet soit d'obtenir le remboursement de dépenses ou d'avances, soit de justifier de l'emploi

(1) Circulaire de la Comptabilité publique du 1er septembre 1891.

de fonds qui avaient été mis à sa dispositon pour un service public.

148

Timbre de quittance. — Sont assujetties au timbre de 10 centimes : les quittances de traitements et émoluments des fonctionnaires, officiers des armées de terre et de mer et employés salariés par l'État, les départements, les communes et tous les établissements publics; les quittances des sommes payées à titre de pension, de secours autres que ceux accordés à des indigents, et actes rémunératoires.

149

Timbre de quittance. — Sont exempts du timbre de 10 centimes :

1° Les quittances pour créances non excédant 10 fr., quand il ne s'agit pas d'un acompte ou du solde final sur une plus forte somme;

2° Les secours accordés à des indigents.

150

Timbre de dimension. — Les pouvoirs d'émarger que donnent, en cas d'éloignement de leur résidence, et par forme de lettre, conformément à l'article 1985 du Code civil, les employés et préposés des administrations financières, sont dispensés du timbre de dimension.

151

Timbre de dimension. — Pour les dépenses qui n'excèdent pas 10 fr. dans leur totalité, la production des factures et mémoires de travaux ou fournitures n'est pas exigible quand le détail des travaux ou fournitures est présenté dans l'ordonnance ou le mandat. S'il s'agit d'une dépense exécutée en régie, il peut être suppléé à la facture ou au mémoire par une quittance de l'ayant droit contenant le même détail.

Mais le timbre de dimension est dû lorsque les factures ou mémoires sont produits, alors qu'ils auraient pour objet une somme de 10 fr. et au-dessous.

152

Timbre de dimension. — Pour les paiements faits en régie et à titre d'avance, les factures ou mémoires rédigés et acquittés à une seule et même date ne doivent pas être considérés comme des titres de créance donnant ouverture au timbre de dimension, mais comme de simples quittances constituant des pièces libératoires et passibles seulement du timbre de 10 centimes (1).

153

Sommes en lettres. — Les sommes en chiffres inscrites dans le corps d'une ordonnance ou d'un mandat, ainsi que de toute pièce à l'appui, doivent être énoncées en toutes lettres dans l'arrêté de l'ordonnateur ou du liquidateur.

154

Ratures, altérations, surcharges. — Les pièces justificatives de dépense qui présentent des ratures, altérations ou surcharges, ne peuvent être admises sans approbation donnée en marge, au moyen de renvois dans la forme suivante :

Pour les ratures : « *Approuvé la rature de* (nombre en toutes lettres) *mots* » ;

Pour les altérations de sommes en lettres : « *Bon pour la somme de* (en toutes lettres) » ;

Pour les surcharges : « *Approuvé les mots* (les écrire) *altérés ou surchargés.* »

---

(1) Décision du Ministre des finances du 14 septembre 1881.

Les renvois doivent être signés, selon les cas, par ceux qui ont arrêté les mémoires, états ou autres titres, ou par ceux qui ont souscrit les quittances et par l'agent administratif qui a visé les pièces. Il en est de même de tout renvoi ayant pour objet d'ajouter des énonciations omises.

L'approbation ne peut être considérée comme valable si la rectification est simplement interlignée au-dessus de la signature primitive sans apposition d'une nouvelle signature.

L'approbation régulière d'un mot raturé n'emporte pas approbation du mot qui lui est substitué en interligne et sans paraphe (1).

155

Ratures. — Tout extrait d'ordonnance de paiement et tout mandat présentant, dans leur partie manuscrite, des ratures ou renvois non approuvés, doivent être refusés par le comptable et ne peuvent donner lieu à paiement qu'après régularisation par le signataire.

156

Griffes. — Les signatures griffées sont interdites sur les ordonnances, les extraits d'ordonnance ou les mandats et sur toutes pièces justificatives de dépenses (2).

157

Sceau des notaires. — Les actes notariés produits pour la justification des droits des créanciers de l'État doivent

(1) Arrêt de la Cour de cassation du 4 août 1892.

(2) Les actes ne reçoivent leur authenticité et la foi qui leur est due qu'autant qu'ils sont certifiés par l'officier public compétent, au moyen de son nom écrit de sa main, au bas de chacun de ces actes. Le nom de l'officier public, imprimé au pied de l'acte par un procédé mécanique, ne constitue pas une véritable signature. Est irrégulière la signification alors qu'elle ne porte pas la signature manuscrite de l'huissier. (Cour de cassation, chambre civile, audience du 20 janvier 1897.)

porter l'empreinte du sceau des notaires qui les ont dressés, et ils doivent être légalisés s'ils proviennent d'un département autre que celui où s'effectue le paiement.

158

Traitements. — Les traitements se paient par mois et à terme échu, tous les mois étant indistinctement comptés pour trente jours [1]. En cas de décès d'un employé ou de cessation d'activité dans le cours d'un mois, il est produit un décompte établissant la somme due en raison du nombre des jours de service.

Le jour du décès est compris dans le décompte.

159

Mandataire. — Les agents politiques et consulaires, les agents en mission, les employés absents pour cause de service et les personnes jouissant d'un secours fixe qui ne résident pas à Paris, sont tenus de constituer un mandataire chargé de toucher pour eux, à la caisse centrale du Trésor, toutes sommes ordonnancées à leur profit. (A. E.)

160

Aliénation mentale. — Le traitement d'un employé absent pour cause d'altération de facultés mentales et traité dans un établissement public peut être payé, sauf déduction des retenues prescrites, sur l'acquit du receveur de cet établissement, appuyé d'une quittance à souche, et sur la production d'un certificat de vie du malade, délivré par le directeur de l'établissement, dont la signature doit être légalisée par le maire de la commune. L'extrait d'ordonnance ou le mandat de paiement doit, en outre, être visé

---

(1) Ainsi un employé qui débuterait le 28 février aurait droit à 3 jours de traitement ; de même celui qui débuterait le 30 mars n'aurait droit qu'à 1 jour de traitement.

par celui des membres de la commission administrative qui remplit les fonctions d'administrateur provisoire; à Paris, ces fonctions sont remplies par le directeur de l'assistance publique.

161

Retenues. — Les sommes payées à titre de traitement fixe ou éventuel, de préciput, de supplément de traitement, de remises proportionnelles, de salaires, ou constituant à tout autre titre un émolument personnel, sont, en principe, passibles de retenues pour pensions, aux termes de l'article 3 de la loi du 9 juin 1853.

162

Traitements. — Les traitements ou allocations passibles de retenues, qui sont acquittés par les comptables du Trésor, sont portés pour le brut dans les ordonnances et mandats, et il y est fait mention spéciale des retenues à exercer pour pensions. Les comptables chargés du paiement des ordonnances et des mandats les imputent en dépense pour leur montant intégral, et ils constatent en recette le produit des retenues à un compte distinct par exercice, intitulé : « Retenues sur traitements pour le service des pensions civiles », conformément à l'article 5 du décret du 9 novembre 1853. Les extraits d'ordonnance ou les mandats n'en doivent pas moins être acquittés pour leur montant brut. La dépense afférente à ces retenues est balancée dans les comptes par une somme égale portée en recette.

163

Frais d'établissement. — Les droits des agents politiques et consulaires à l'indemnité de premiers frais d'établissement sont réglementés par le décret du 20 février 1852. Ce décret détermine, en outre, les conditions dans lesquelles de seconds frais d'établissement peuvent être accordés.

164

Mémoires. — Les mémoires ou factures de fournitures d'objets matériels et les mémoires de travaux et services se rapportant au matériel doivent être totalisés en chiffres et en toutes lettres; ils sont datés et signés par les créanciers, et le domicile de ces derniers doit y être indiqué.

165

Inventaire. Visa. — L'arrêté de liquidation des mémoires et factures de toute fourniture d'objets matériels doit contenir: 1° certificat de réception de ces objets par l'administration, à moins que leur livraison n'ait été constatée, soit par un procès-verbal compris au nombre des pièces justificatives, soit par la déclaration d'un agent compétent, relatant le numéro d'inscription sur le registre tenu par cet agent pour les objets qu'il doit prendre en charge; 2° mention du numéro de l'inscription desdits objets sur l'inventaire ou le catalogue, pour ceux dont la nature comporte cette formalité (1).

Toutes les pièces annexes d'un mémoire ou d'une facture doivent être revêtues du visa de l'ordonnateur (2).

166

Présents. — La réception et l'envoi à destination des objets de prix fournis au ministère des affaires étrangères pour être offerts immédiatement en présents sont certifiés par l'agent chargé du contrôle de ce service.

Cet agent se borne à constater la réception, avec inscrip-

---

(1) Les objets de consommation courante ne sont pas inventoriés.

(2) Lettre du Ministre des finances au Ministre de l'instruction publique du 9 décembre 1871.

tion au catalogue, des ouvrages fournis pour le même service, par livraisons ou par volumes paraissant successivement, ces ouvrages restant provisoirement au dépôt et ne devant être offerts en présents que lorsqu'ils sont complétés.

167

Catalogue. — Ne sont pas inscrites au catalogue les revues, brochures et autres publications à l'usage des bureaux, et qui, fournies à titre de documents ou destinées à être rattachées à des dossiers d'affaires pendantes, ne font point partie de la bibliothèque du ministère.

168

Timbre de dimension. — Les états d'avances faites par les agents diplomatiques et consulaires et par les agents en mission à l'étranger sont établis sur papier non timbré. Ils sont totalisés en chiffres et en toutes lettres et portent, autant que possible, le cachet de la mission.

169

Justifications. — Ces états doivent être appuyés de pièces justificatives pour chaque article de dépense.

Ces pièces justificatives sont, autant que possible, des reçus. A défaut de reçus, les déclarations motivées produites par les agents sont admises.

Les pièces relatives à des dépenses faites à l'étranger sont exemptes de timbre.

Les reçus écrits dans une langue étrangère doivent être accompagnés d'une traduction certifiée.

170

Subventions. — Les allocations et subventions fixes payées à l'étranger par l'intermédiaire des agents du service extérieur ne pouvant être attribuées qu'en vertu d'une décision ministérielle ; il est nécessaire qu'une ampliation certifiée de cet arrêté soit produite à l'appui du premier paiement; lors des paiements subséquents, il suffit de rappeler la date et le numéro de l'ordonnance à laquelle la décision a été jointe.

171

Inventaire. — Les objets mobiliers dont il est fait acquisition pour les besoins des chancelleries sont inscrits sur les inventaires des postes diplomatiques et consulaires; les livres et ouvrages sont inscrits à part, sur un catalogue spécial. Les chefs de poste justifient de ces inscriptions conformément aux dispositions de la circulaire du 1er octobre 1848.

172

Cautionnement. — Les ordonnances ou mandats de premier paiement à délivrer au nom de tout entrepreneur ou fournisseur doivent être appuyés d'une déclaration de l'ordonnateur faisant connaître si le titulaire est assujetti à un cautionnement matériel, et indiquant, dans le premier cas, la date de la réalisation de la garantie exigée et la nature des valeurs qui y ont été affectées.

Dans le cas où le cautionnement n'aurait pas été réalisé dans le délai fixé par le marché ou la convention, le paiement ne pourrait avoir lieu que sur la production d'un certificat de l'ordonnateur, constatant que le retard ne provient pas du fait du créancier, ou que le ministre lui a accordé une prorogation de délai. La preuve de la réalisation doit toujours être produite dans le plus bref délai.

173

Imprimerie nationale. — La production des tarifs annuels, qui servent de base à la liquidation des fournitures faites par l'Imprimerie nationale, est exigible pour le premier paiement de chaque année, et l'on y renvoie pour les paiements suivants.

174

Références. — Toutes les fois que des pièces justificatives se rapportent à plusieurs paiements distincts à effectuer par le même comptable, elles peuvent n'être produites qu'une fois ; mais, dans ce cas, chaque ordonnance ou mandat de paiement auquel elles sont applicables doit énoncer le numéro et la date de l'ordonnance ou du mandat auquel elles ont été jointes ; le comptable doit indiquer, en outre, la date du paiement à l'appui duquel elles sont produites à la Cour des comptes, sans que la production de ces pièces puisse être différée au delà du terme de la gestion annuelle.

Cette règle n'est pas applicable aux acomptes d'une entreprise pour laquelle les pièces justificatives peuvent être rattachées au paiement pour solde.

175

Copies. — A défaut de la minute ou de l'original de toute pièce justificative à produire aux comptables du Trésor, il peut y être suppléé par des copies dûment certifiées par les agents administratifs compétents, et mentionnant, s'il y a lieu, l'accomplissement de la formalité de l'enregistrement.

Les copies remises aux parties pour être produites par elles aux lieu et place de l'expédition originale sont délivrées sur timbre lorsque le timbre est exigé pour l'original.

Les copies faites par les soins de l'administration pour l'ordre de la comptabilité sont exemptes de timbre. Elles doivent contenir une mention expresse de leur destination.

Dans le cas où un procès-verbal d'adjudication, un marché, une décision, etc., se rapporteraient à plusieurs personnes ou à plusieurs entreprises distinctes, les originaux ou les copies peuvent être remplacés par des extraits certifiés qui doivent relater, en général, toutes les conditions de l'exécution du service et de la régularité du paiement, ainsi que l'accomplissement, s'il y a lieu, de l'enregistrement et de toutes les autres formalités voulues et qui seront complétés à cet effet s'ils ne paraissent pas au comptable ou à la Cour contenir les indications nécessaires.

Les ordonnances et mandats, ainsi que les quittances des parties prenantes, sont toujours produits en original.

176

Certificats administratifs. — Dans tous les cas où les énonciations contenues dans les pièces produites ne paraîtraient pas suffisamment précises, les comptables peuvent se faire délivrer par les ordonnateurs, soit avant le paiement, soit en exécution des arrêts de la Cour des comptes, des certificats administratifs qui complètent ces énonciations.

177

Retenues de 1 p. 100. — Les travaux de toute nature comportant main-d'œuvre, neufs ou d'entretien, intéressant l'État, le département de la Seine, la ville de Paris, l'administration de l'assistance publique, le Mont-de-Piété, les communes et établissements publics et hospitaliers du département, exécutés à Paris ou dans la banlieue, quel que soit leur mode d'exécution (adjudication, soumission, marché de gré à gré, régie, etc.), sont passibles d'une retenue de 1 p. 100 au profit des asiles nationaux de Vincennes et du Vésinet [1].

---

(1) Décret du 5 mars 1855. — Lettre du Ministre des finances à tous les ministères du 7 décembre 1897. — Note de la Comptabilité publique du 23 septembre 1898.

CHAPITRE III

NOMENCLATURE DES PIÈCES A PRODUIRE A L'APPUI DES PAIEMENTS (1)

178

ABATAGE D'ANIMAUX

Les indemnités en cas de saisie de viande et d'abatage d'animaux pour cause de tuberculose sont réglées comme suit : 1° au tiers de la valeur qu'avait l'animal au moment de l'abatage, lorsque la tuberculose est généralisée; 2° aux trois quarts de cette valeur lorsque la maladie est localisée; 3° à la totalité de la valeur de l'animal abattu, s'il résulte de l'abatage que cet animal n'était pas atteint de la tuberculose.

Dans tous les cas, la valeur de la viande et des dépouilles vendues par les soins du propriétaire, sous le contrôle du maire, sera déduite de l'indemnité prévue. Cette indemnité ne pourra être supérieure à 200 fr. pour le tiers de la valeur et à 450 fr. pour les trois quarts.

Pièces à produire:

1° La demande de l'intéressé rédigée sur papier timbré et visée par le maire de la commune;

2° Une copie certifiée de la déclaration de la maladie faite à la mairie. Cette pièce indiquera la date exacte à laquelle cette formalité aura été remplie;

---

(1) Toute pièce dont la désignation est suivie de la lettre (T) est assujettie au droit du timbre établi en raison de la dimension des papiers.

3° Le laissez-passer délivré par le maire pour l'envoi de l'animal à l'abattoir, lorsque cet animal aura été déplacé pour être sacrifié ;

4° Le procès-verbal d'expertise, approuvé par le propriétaire ;

5° Le procès-verbal de saisie établi par le vétérinaire inspecteur de l'abattoir dans lequel l'animal aura été sacrifié. Lorsque l'animal aura été abattu sur place, cette pièce sera établie par le vétérinaire sanitaire, qui doit assister à l'abatage et qui certifiera que cet abatage a été effectué en sa présence ;

6° Une déclaration du propriétaire faisant connaître pour chaque tête de bétail abattu le produit de la vente des animaux ou de leurs chair et débris. Cette pièce devra être certifiée par le maire ou le vétérinaire inspecteur de l'abattoir dans lequel l'animal aura été sacrifié ;

7° Un certificat du vétérinaire sanitaire attestant que l'étable qui renfermait l'animal malade a été désinfectée conformément aux prescriptions de l'arrêté du 1er avril 1898.

179

ABONNEMENTS

Les indemnités d'abonnements pour frais de bureau et autres sont exemptes de la retenue pour pensions civiles.

Les abonnements pour frais de service aux agents diplomatiques et consulaires se majorent, pour le troisième trimestre, de 100 fr. à 500 fr. suivant les postes, soit : 100 fr. pour les vice-consulats, 200 fr. pour les consulats, 300 fr. pour les consulats généraux, 400 fr. pour les légations et 500 fr. pour les ambassades.

Voir : **Eaux, Journaux.**

180

ACADÉMIE DE FRANCE A ROME (B.-A.)

Pension des élèves et indemnités de voyage.

État émargé ou quittance séparée;
Décision ministérielle pour les indemnités de voyage.

Traitement des élèves admis à résider en France.

Décision ministérielle;
Quittance individuelle.

Médailles décernées aux grands prix.

Décision ministérielle;
Mémoire (T);
Certificat de réception et de distribution.

Emballage et transport d'ouvrages.

1° Lettre de voiture (T) du transport par terre du port de débarquement jusqu'à Paris, acquittée par le porteur;

2° Certificat de réception des colis au ministère;

3° Pièces justificatives du remboursement des frais jusqu'à l'arrivée en France, consistant ordinairement : en un connaissement acquitté par le capitaine du navire, tant pour le montant du fret que pour commission; en un compte de frais à l'embarquement, certifié par la maison qui a opéré le chargement, et enfin en un état (T) des frais de débarquement au port de mer et de chargement sur voiture.

Un décret du Président de la République du 31 juillet 1883 abroge les dispositions du règlement des Beaux-Arts du 18 décembre 1867 d'après lesquelles le traitement du secrétaire comptable de l'Académie de France à Rome n'était pas soumis à la retenue pour les pensions civiles et décide qu'il sera à l'avenir assujetti à cette retenue.

181

ACQUISITIONS ET ÉCHANGES DE PROPRIÉTÉS IMMOBILIÈRES

Toutes les pièces concernant les acquisitions faites pour le compte de l'État sont timbrées et enregistrées gratis.

Les copies produites doivent relater textuellement la transcription et la mention de l'enregistrement.

L'état des inscriptions ou le certificat négatif, délivré par le conservateur des hypothèques, doit énoncer formellement qu'il n'y a pas d'inscription au profit du Crédit foncier (1).

Si le prix d'acquisition n'excède pas 500 fr., la purge des hypothèques n'est pas nécessaire.

Le paiement peut être fait sur la production d'une quittance notariée portant mainlevée des inscriptions. Le certificat de radiation est produit ultérieurement.

En cas d'acquisition sur saisie immobilière, il n'y a pas lieu de procéder à la purge des hypothèques légales.

Lorsque, soit la femme ou ceux qui la représentent, soit le subrogé-tuteur ne sont pas connus de l'acquéreur, il peut être suppléé à l'exploit de notification aux parties intéressées par un exemplaire certifié de la feuille d'annonces judiciaires du département contenant la publication du contrat faite dans les formes prescrites par l'article 696 du Code de procédure civile.

---

(1) Note du Contentieux au préfet de la Seine du 21 février 1888 :
« Un certificat énonçant d'une façon absolue et sans réserve l'absence de toute inscription sur l'immeuble acquis me paraît couvrir entièrement la responsabilité du payeur, et celle du conservateur seule se trouverait engagée par la délivrance d'un tel certificat, nonobstant l'existence d'inscriptions prises au profit du Crédit foncier ayant plus de 10 ans de date. Le payeur doit seulement s'assurer si le certificat est bien conçu en termes généraux et absolus et s'il ne se borne pas à constater l'absence d'inscriptions depuis moins de 10 ans. Pour assurer ce résultat, il conviendra de continuer à faire mention des inscriptions du Crédit foncier dans la réquisition faite au conservateur et dont celui-ci reproduit les termes en tête de l'état délivré en conséquence de cette réquisition. Puis, si l'état est absolument négatif, il sera procédé au paiement, alors même que le conservateur ne ferait aucune mention expresse de l'absence d'inscription au profit du Crédit foncier. »

Toutes les justifications concernant la purge des hypothèques et des hypothèques légales sont produites en original.

Pour les immeubles appartenant à des femmes mariées et dont la valeur en capital n'excède pas 500 fr., la production du contrat de mariage n'est pas exigée ; et lors même que les femmes sont mariées sous le régime dotal, le paiement peut être fait sans justification de remploi.

En vertu du deuxième paragraphe de l'article 19 de la loi du 3 mai 1841, l'administration peut ne pas remplir les formalités de publication et de transcription pour les acquisitions dont le prix ne dépasse pas 500 fr.

Dans le cas où la dispense de ces formalités ne serait pas exprimée dans l'acte de vente, elle devra être l'objet d'un certificat spécial du préfet.

Les portions contiguës appartenant à un même propriétaire doivent faire l'objet d'un seul acte de vente.

Si le vendeur n'est pas la personne dénommée à la matrice des rôles, le contrat doit indiquer comment la propriété est passée du propriétaire désigné par la matrice des rôles à celui qui consent la vente.

Si la désignation portée à la matrice des rôles est inexacte ou incomplète, le vendeur doit prouver l'inexactitude ou l'erreur par la production d'un bail, d'un acte de vente, d'un partage ou d'un autre acte authentique.

A défaut d'acte authentique, l'identité sera prouvée par un certificat du maire de la commune où l'immeuble est situé, délivré sur la déclaration de deux témoins au moins.

Ces justifications seront énoncées au contrat.

Les plans, procès-verbaux, certificats, significations, jugements, contrats, quittances et autres actes faits en vertu de la loi du 3 mai 1841, seront visés pour timbre gratis quand ils sont par leur nature assujettis au timbre et enregistrés gratis lorsqu'il y aura lieu à la formalité de l'enregistrement.

Dans le cas d'acquisition en exécution de la loi du 3 mai 1841, l'intervention de la femme commune en biens n'est nécessaire ni dans l'acte de vente ni à l'acquit, à la condition que l'immeuble constitue bien un acquêt de communauté et que le contrat de mariage ne renferme pas une clause d'empêchement pour le mari de vendre les acquêts de communauté sans le consentement de sa femme.

Les quittances peuvent être passées dans la forme des actes administratifs.

Les intérêts d'une indemnité allouée par le jury d'expropriation doivent être calculés déduction faite des frais taxés.

Lorsque l'indemnité est fixée par le jury, le tuteur n'a pas besoin de se pourvoir d'une autorisation du tribunal.

L'extrait d'un contrat de mariage ne peut pas être reçu dans la forme d'un extrait administratif, mais ne peut être délivré que par un notaire.

ARTICLE 1er. — ACQUISITIONS D'APRÈS LES RÈGLES DU DROIT COMMUN

§ 1er. — Immeubles appartenant à des personnes capables.

1° Loi, décret ou décision ministérielle qui a autorisé l'acquisition ou l'échange ;

2° Acte de vente (T) notarié ou administratif, jugement d'acquisition (T) ou tout autre titre constatant l'acquisition et la transmission de la propriété, transcrit au bureau des hypothèques et enregistré ;

3° Les pièces constatant la purge des privilèges et hypothèques et des droits réels transcrits en vertu de la loi du 23 mars 1855, savoir :

a) Certificat (T) négatif délivré après transcription par le conservateur des hypothèques, relatant expressément qu'il s'applique aux mentions et transcriptions désignées par les articles 1 et 2 de ladite loi.

Ou, s'il y a lieu :

b) État (T) des inscriptions et, en outre, desdites transcriptions et mentions.

c) *Dans le cas où lesdits certificat ou état ne seraient pas délivrés quarante-cinq jours au moins après la date de l'acte de vente :* certificat (T) du conservateur constatant qu'il n'existe pas d'inscriptions prises pour la conservation du privilège mentionné par l'article 6 de ladite loi, ou, s'il y a lieu, état (T) des inscriptions prises pour cet objet.

d) *Dans le cas où il existerait des inscriptions, si le montant du prix n'est pas versé à la Caisse des dépôts et consignations :* certificat (T) de radiation desdites inscriptions délivré par le conservateur des hypothèques.

4° Les pièces constatant la purge des hypothèques légales, savoir :

a) Certificat (T) du dépôt du contrat au greffe du tribunal pour être affiché.

b) Exploit de notification (T) au procureur de la République et aux parties intéressées.

c) Exemplaire de la feuille d'annonces judiciaires du département contenant la publication du contrat.

d) Certificat (T) d'affiche pendant deux mois.

e) Certificat (T) du conservateur des hypothèques constatant qu'aucune inscription n'a été requise sur l'immeuble acquis pendant le cours des deux mois de l'exposition du contrat, ou pendant deux mois à partir du jour de la publication dans la feuille d'annonces judiciaires du département.

Ou, s'il y a lieu :

f) État des inscriptions.

g) *Dans le cas où il existerait des inscriptions, si le montant du prix n'est pas versé à la Caisse des dépôts et consignations :* certificat (T) de radiation desdites inscriptions, délivré par le conservateur des hypothèques.

NOTA. — Toutes les pièces concernant la purge des hypothèques sont produites en original.

5° Décompte de liquidation, en principal et intérêts, du prix d'acquisition.

NOTA. — *Dans le cas exceptionnel où des intérêts du prix du capital de l'immeuble seraient payés avant ce capital,* on sera tenu de produire à l'appui du premier paiement les justifications suivantes :

1° Loi, décret ou décision ministérielle qui a autorisé l'acquisition ;

2° Décompte de liquidation, en principal et intérêts, du prix d'acquisition ;

3° Copie de l'acte de vente faisant connaître les conditions du prix et du paiement et portant mention de l'enregistrement et de la transcription au bureau des hypothèques;

4° Certificat de l'ordonnateur attestant que le contrat n'a pas été notifié aux créanciers et que ceux-ci n'ont pas fait sommation de payer ou de délaisser;

5° Quittance de l'ayant droit.

6° Certificat d'inscription sur le sommier des biens de l'État délivré par le directeur des domaines (1);

7° Quittance de l'ayant droit;

En cas de consignation du prix de vente par suite d'inscriptions :

Les pièces ci-dessus, à l'exception de la quittance de l'ayant droit;

Et de plus :

8° Décision du ministre prescrivant la consignation et visant la date de la délivrance, par le conservateur, des états d'inscription.

Nota. — L'état des inscriptions 3° *b* et 4° *f* est remis à la Caisse des dépôts et consignations et n'est pas produit à la Cour des comptes.

9° Récépissé du préposé de la Caisse des dépôts et consignations.

§ 2. — Immeubles appartenant à des mineurs, interdits, absents ou incapables, ou faisant partie de majorats.

1°, 2°, 3°, 4°, 5°, 6° } Les mêmes pièces que celles désignées sous ces numéros au § 1er de l'article 1er (immeubles appartenant à des personnes capables);

(1) La loi du 29 décembre 1873 relative à l'inscription sur le sommier des Domaines des immeubles acquis par l'État est applicable sans restriction à tous les immeubles, même à ceux destinés à faire partie du domaine public. (Note de l'Enregistrement du 10 août 1874. — Note de la Comptabilité publique du 17 août 1874.)

7° Quittance des personnes représentant les mineurs, les interdits, etc.;

Et de plus :

8° Jugement (T) autorisant la vente;

9° Justification du remploi dans le cas où cette mesure serait prescrite par le jugement et où l'acquéreur en serait responsable.

En cas de consignation du prix de vente par suite d'inscriptions :

Les pièces ci-dessus, à l'exception de la quittance (7°) et de la justification du remploi (9°);

Et de plus :

10° Décision du ministre prescrivant la consignation et visant la date de la délivrance, par le conservateur, des états d'inscription.

§ 3. — Immeubles appartenant à des femmes mariées.

1°
2°
3°
4°
5°
6°
} Les mêmes pièces que celles désignées sous ces numéros au § 1er de l'article 1er (immeubles appartenant à des personnes capables);

7° Acte de mariage;

8° *Dans le cas où le mariage est postérieur à la loi du 10 juillet 1850 et où l'acte contient déclaration de contrat :* extrait du contrat de mariage (1), à l'effet de faire connaître le régime sous lequel les époux sont mariés et les dispositions relatives au remploi.

Dans le cas où le mariage est antérieur à la loi précitée : extrait du contrat aux effets ci-dessus, ou certificat du fonc-

(1) Les extraits de contrats de mariage ne peuvent être délivrés en la forme administrative par les ordonnateurs. Le notaire seul a qualité. (Note du Contentieux du 18 décembre 1876.)

tionnaire qui a passé l'acte de vente, constatant que les époux ont déclaré s'être mariés sans contrat de mariage, quand l'acte de vente ne l'énonce pas;

9° Acquit de la femme et du mari et, à défaut de l'acquit du mari, autorisation du tribunal;

10° *Dans le cas où l'aliénation ne pourrait avoir lieu qu'en vertu de jugement :* jugement (T) du tribunal autorisant la vente;

11° *Dans tous les cas où le remploi est prescrit, soit par le contrat de mariage, soit par un jugement, et où l'acquéreur en est responsable :* la justification du remploi.

En cas de consignation du prix de vente par suite d'inscriptions :

Les pièces ci-dessus, à l'exception du contrat de mariage (8°), de la quittance (9°), de la justification du remploi (11°);

Et de plus :

12° Décision du ministre prescrivant la consignation et visant la date de la délivrance, par le conservateur, des états d'inscription.

Nota. — L'état des inscriptions est remis à la Caisse des dépôts et consignations et n'est pas produit à la Cour des comptes.

13° Récépissé du préposé de la Caisse des dépôts et consignations.

§ 4. — Immeubles appartenant à des départements, des communes ou des établissements publics.

1°, 2°, 3°, 5°, 6°, 7° } Les mêmes pièces que celles désignées sous ces numéros au § 1er de l'article 1er (immeubles appartenant à des personnes capables);

4° Les pièces désignées sous ce numéro au § 1er de l'article 1er ne seront produites que s'il existait des hypothèques légales du chef des précédents propriétaires;

Et de plus :

8° Délibération dûment approuvée du conseil général, du conseil municipal ou de la commission administrative qui a autorisé la vente.

En cas de consignation du prix de vente par suite d'inscriptions :

Voir le § 1er de l'article 1er (immeubles appartenant à des personnes capables).

ART. 2. — ACQUISITIONS PAR APPLICATION DES LOIS DU 3 MAI 1841 ET DU 30 MARS 1831 SUR L'EXPROPRIATION POUR CAUSE D'UTILITÉ PUBLIQUE

§ 1er. — Immeubles appartenant à des personnes capables.

1° EXPROPRIATION LORSQU'IL N'Y A PAS DE PRISE DE POSSESSION D'URGENCE.

a) *En cas de convention amiable.*

1° Décret déclaratif d'utilité publique;

2° Acte de vente (T) notarié ou administratif dûment approuvé, transcrit au bureau des hypothèques de l'arrondissement;

3° Certificat du maire constatant que, préalablement à la transcription, l'acte de vente a été publié et affiché conformément à l'article 15 de la loi du 3 mai 1841 et suivant les formes de l'article 6 de la même loi.

NOTA. — Cette pièce doit être produite en original.

4° Numéro du journal où l'insertion a été faite.

NOTA. — L'insertion doit toujours être faite antérieurement à la transcription.

5° Certificat négatif ou état des inscriptions délivré par le conservateur des hypothèques quinze jours au moins après la transcription.

NOTA. — Ces pièces doivent être produites en original.

6° *Dans le cas où il existe des inscriptions et si le montant du prix n'est pas versé à la Caisse des dépôts et consignations :* certificat de radiation délivré par le conservateur des hypothèques.

Nota. — Cette pièce doit être produite en original.

7° Certificat du préfet délivré huit jours au moins après les publications et affiches susmentionnées, et constatant qu'aucun tiers ne s'est fait connaître à l'administration comme intéressé au règlement de l'indemnité.

Nota. — Cette pièce doit être produite en original.

8° Décompte en principal et intérêts du prix d'acquisition;

9° Certificat d'inscription sur le sommier des biens de l'État délivré par le directeur des domaines;

10° Quittance de l'ayant droit.

Nota. — Les quittances peuvent être passées dans la forme des actes administratifs.

Si le montant du prix de vente est versé à la Caisse des dépôts et consignations :

Les pièces ci-dessus, à l'exception de la quittance de l'ayant droit (10°);

Et de plus :

11° Décision du ministre prescrivant la consignation et visant la date de la délivrance, par le conservateur, des états d'inscription.

Nota. — L'état des inscriptions est remis à la Caisse des dépôts et consignations et n'est pas produit à la Cour des comptes.

12° Récépissé du préposé de la Caisse des dépôts et consignations.

Nota. — Dans le cas exceptionnel où des intérêts du prix du capital de l'immeuble seraient payés avant ce capital, on sera tenu de produire à l'appui du premier paiement pour intérêts, lorsque ce paiement sera fait à l'ayant droit :

1° Décret déclaratif d'utilité publique;

2° Extrait de l'acte d'acquisition faisant connaître notamment les conditions de prix et de paiement et portant mention de l'enregistrement et de la transcription au bureau des hypothèques ;

3° Certificat de l'ordonnateur attestant que le contrat n'a pas été notifié aux créanciers et que ceux-ci n'ont pas fait sommation de payer ou de délaisser;

4° Quittance de l'ayant droit;

Et lorsque le paiement est fait par voie de consignation :

5° Déclaration du ministre prescrivant la consignation;

6° Récépissé du préposé de la Caisse des dépôts et consignations.

Les autres pièces ne seront produites qu'avec le paiement du capital, ou, si le paiement est fractionné, elles seront mises à l'appui du premier acompte.

b) *En cas de jugement d'expropriation.*

1° Si l'indemnité est réglée a l'amiable :

1° Jugement d'expropriation relatant textuellement la mention de transcription et énonçant la date de la notification faite au propriétaire et au détenteur de l'immeuble exproprié ;

2° Certificat du maire constatant que, préalablement à la transcription, le jugement a été publié et affiché conformément à l'article 15 de la loi du 3 mai 1841 et suivant les formes de l'article 6 de ladite loi;

3° Numéro du journal où l'insertion a été faite.

Nota. — L'insertion doit être faite antérieurement à la transcription.

4° Acte administratif dûment approuvé contenant règlement de l'indemnité;

5° Certificat négatif ou état des inscriptions délivré par le conservateur des hypothèques quinze jours au moins après la transcription;

6° *Dans le cas où il existe des inscriptions et si le montant du prix n'est pas versé à la Caisse des dépôts et consignations:* certificat de radiation délivré par le conservateur des hypothèques;

7° Certificat du préfet délivré huit jours au moins après les publications et affiches susmentionnées, et constatant qu'aucun tiers ne s'est fait connaître à l'administration comme intéressé au règlement de l'indemnité.

Nota. — Les pièces 4, 5, 6 et 7 doivent être produites en original.

8° Décompte en principal et intérêts du prix d'acquisition;

9° Certificat d'inscription sur le sommier des biens de l'État délivré par le directeur des domaines;

10° Quittance de l'ayant droit.

Si le montant du prix de vente est versé à la Caisse des dépôts et consignations :

Les pièces ci-dessus, à l'exception de la quittance de l'ayant droit (10°);

Et de plus :

11° Décision du ministre prescrivant la consignation et visant la date de la délivrance, par le conservateur, des états d'inscription.

Nota. — L'état des inscriptions est remis à la Caisse des dépôts et consignations et n'est pas produit à la Cour des comptes.

12° Récépissé du préposé de la Caisse des dépôts et consignations.

2° Si l'indemnité est réglée par le jury :

1° Jugement d'expropriation relatant textuellement la mention de transcription et énonçant la date de la notification au propriétaire et au détenteur de l'immeuble;

2° Certificat du maire constatant que, préalablement à la transcription, le jugement a été publié et affiché conformément à l'article 15 de la loi du 3 mai 1841 et suivant les formes de l'article 6 de la même loi;

3° Numéro du journal où l'inscription a été faite.

Nota. — L'insertion doit être faite antérieurement à la transcription.

4° Décision du jury suivie de l'ordonnance d'exécution rendue par le magistrat directeur, contenant règlement de l'indemnité; s'il y a lieu, répartition des dépens;

5° Certificat négatif ou état des inscriptions délivré par le conservateur des hypothèques quinze jours au moins après la transcription;

6° *Dans le cas où il existe des inscriptions et si le montant du prix n'est pas versé à la Caisse des dépôts et consignations :* certificat de radiation délivré par le conservateur des hypothèques.

NOTA. — Les pièces 4, 5 et 6 doivent être produites en original.

7° Décompte en principal et intérêts du prix d'acquisition, portant, s'il y a lieu, déduction de la portion des dépens mise à la charge du vendeur;

8° Certificat d'inscription sur le sommier des biens de l'État;

9° Quittance de l'ayant droit.

Si le montant du prix de vente est versé à la Caisse des dépôts et consignations :

Les pièces ci-dessus à l'exception de la quittance de l'ayant droit (9°);

Et de plus :

10° Décision du ministre prescrivant la consignation et visant la date de la délivrance, par le conservateur, des états d'inscription.

NOTA. — L'état des inscriptions est remis à la Caisse des dépôts et consignations et n'est pas produit à la Cour des comptes.

11° Récépissé du préposé de la Caisse des dépôts et consignations.

2° PRISE DE POSSESSION POUR CAUSE D'URGENCE DE TERRAINS NON BATIS

a) *Consignations provisoires dans le cas de prise de possession d'urgence.*

1° Décret qui déclare l'urgence de prise de possession;

2° Jugement d'expropriation relatant textuellement la mention de la transcription et énonçant la date de la notification faite au propriétaire et au détenteur de l'immeuble;

3° Certificat du maire constatant que, préalablement à la

transcription, le jugement a été publié et affiché conformément à l'article 15 de la loi du 3 mai 1841 et suivant les formes de l'article 6 de ladite loi;

4° Numéro du journal où l'insertion a été faite;

5° Jugement qui fixe le montant de la somme à consigner;

6° Certificat d'inscription sur le sommier des biens de l'État délivré par le directeur des domaines;

7° Décision ministérielle prescrivant la consignation provisoire, qui doit comprendre, indépendamment de la somme fixée par le tribunal, les deux années d'intérêts exigés par l'article 69 de la loi précitée;

8° Récépissé du préposé de la Caisse des dépôts et consignations.

b) *Paiement du complément du prix dans le cas où la consignation est inférieure au montant de l'indemnité.*

1° Indication de l'exercice, de la date et du numéro de l'ordonnance ou du mandat auquel copie ou extrait du jugement d'expropriation a été joint au moment de la consignation provisoire;

2° *En cas de convention amiable :* acte administratif dûment approuvé contenant règlement de l'indemnité;

ou,

Si l'indemnité a été réglée par le jury :

décision du jury suivie de l'ordonnance d'exécution rendue par le magistrat directeur, contenant règlement de l'indemnité, et, s'il y a lieu, répartition des dépens;

3° Certificat négatif ou état des inscriptions délivré par le conservateur des hypothèques quinze jours au moins après la transcription.

NOTA. — Ces pièces doivent être produites en original.

4° Décompte en principal et intérêts du prix d'acquisition, portant, s'il y a lieu, déduction des dépens mis à la charge des vendeurs;

5° Décision du ministre rappelant la somme précédemment consignée, ainsi que l'exercice, la date et le numéro du mandat primitif, déterminant le solde à consigner et ordonnant la consignation de ce solde et la conversion de la consignation provisoire en consignation définitive.

(La décision doit expliquer si la consignation est faite à la charge ou non d'inscriptions hypothécaires et s'il existe ou non d'autres obstacles à la remise des fonds entre les mains du propriétaire dépossédé, et doit relater, en outre, la date du certificat négatif ou de l'état des inscriptions délivré par le conservateur des hypothèques.)

6° Certificat d'inscription sur le sommier des biens de l'État, dans le cas où il n'aurait pas été produit lors de la consignation de l'indemnité provisionnelle;

7° Déclaration de l'agent de la Caisse des dépôts et consignations, constatant la conversion de la consignation provisoire en consignation définitive;

8° Récepissé de l'agent de la Caisse des dépôts et consignations pour le complément du prix.

§ 2. — Immeubles appartenant à des mineurs, interdits, absents ou incapables, ou faisant partie de majorats.

1° EXPROPRIATION LORSQU'IL N'Y A PAS DE PRISE DE POSSESSION D'URGENCE

a) *En cas de convention amiable.*

Les mêmes pièces qu'au paragraphe 1er, 1° (immeubles appartenant à des personnes capables, page 78);

Et de plus :

1° Jugement autorisant la cession amiable;

2° Justification du remploi dans le cas où cette mesure serait prescrite, soit par le jugement qui a autorisé la cession amiable, soit par un autre jugement, lequel devrait être produit avec les autres justifications.

b) *En cas de jugement d'expropriation.*

1° Si l'indemnité est réglée a l'amiable :

Les mêmes pièces qu'au paragraphe 1er, 1° *b* (immeubles appartenant à des personnes capables, page 80);

Et de plus :

1° Jugement autorisant l'acceptation des offres;

2° Justification du remploi dans le cas où cette mesure serait prescrite soit par le jugement qui a autorisé l'acceptation des offres, soit par un autre jugement, lequel devrait être produit avec les autres justifications.

2° Si l'indemnité est réglée par le jury :

Les mêmes pièces qu'au paragraphe 1er, 1° *b*, 2° (immeubles appartenant à des personnes capables, page 81);

Et de plus :

Justification du remploi dans le cas où cette mesure serait prescrite par un jugement, lequel devrait être produit avec les autres justifications.

2° PRISE DE POSSESSION POUR CAUSE D'URGENCE DES TERRAINS NON BATIS

a) *Consignations provisoires dans le cas de prise de possession pour cause d'urgence.*

Les mêmes pièces qu'au paragraphe 1er, 2° *a* (immeubles appartenant à des personnes capables, page 82).

b) *Paiement du complément dans le cas où la consignation est inférieure au montant de l'indemnité.*

Les mêmes pièces qu'au paragraphe 1er, 2° *b* (immeubles appartenant à des personnes capables, page 83).

§ 3. — Immeubles appartenant à des femmes mariées.

1° EXPROPRIATION LORSQU'IL N'Y A PAS DE PRISE DE POSSESSION D'URGENCE

a) *En cas de convention amiable.*

Mêmes pièces qu'au paragraphe 1er, 1° *a* (immeubles appartenant à des personnes capables, page 78);

Et de plus :

1° Acte de mariage;

2° *Dans le cas où le mariage est postérieur à la loi du 10 juillet 1850 et où l'acte contient déclaration de contrat :* extrait du contrat de mariage(1) à l'effet de faire connaître les dispositions relatives au remploi.

Dans le cas où le mariage est antérieur à la loi précitée : extrait du contrat aux effets ci-dessus, ou certificat du fonctionnaire qui a passé l'acte de vente constatant que les époux ont déclaré s'être mariés sans contrat de mariage ;

3° Acquit de la femme et du mari, ou, à défaut du mari, autorisation du tribunal ;

Et de plus :

Si l'aliénation ne peut avoir lieu qu'en vertu d'un jugement :

4° Jugement autorisant la cession amiable.

Dans le cas où le remploi est prescrit soit par le contrat de mariage, soit par un jugement et où l'acquéreur en est responsable :

5° Justification du remploi.

b) *En cas de jugement d'expropriation.*

1° SI L'INDEMNITÉ EST RÉGLÉE A L'AMIABLE :

Les mêmes pièces qu'au paragraphe 1er, 1° *b,* 1° (immeubles appartenant à des personnes capables, page 80);

De plus, mêmes pièces que ci-dessus (1°, 2°, 3°, 4°, 5°).

2° SI L'INDEMNITÉ EST RÉGLÉE PAR LE JURY :

Les mêmes pièces qu'au paragraphe 1er, 1° *b,* 2° (immeubles appartenant à des personnes capables, page 81).

Et de plus, les mêmes pièces que ci-dessus (1° à 5°) exigibles pour des acquisitions d'immeubles appartenant à des

---

(1) Les extraits de contrats de mariage ne peuvent être délivrés en la forme administrative par les ordonnateurs. Le notaire a seul qualité. (Note du Contentieux du 18 décembre 1876.)

femmes mariées en cas de convention amiable à la suite de jugement d'expropriation (page 85), moins le jugement autorisant la vente (4°).

2° PRISE DE POSSESSION POUR CAUSE D'URGENCE DE TERRAINS NON BATIS

Mêmes pièces qu'au paragraphe 1er, 2°, *a* et *b* (page 82).

§ 4. — Immeubles appartenant à des départements, des communes ou à des établissements publics.

Mêmes pièces qu'au paragraphe 1er et de plus :

Délibération dûment approuvée du conseil général ou du conseil municipal, ou de la commission administrative qui a autorisé la cession amiable.

EXPROPRIATION ET OCCUPATION TEMPORAIRE EN CAS D'URGENCE DES PROPRIÉTÉS PRIVÉES NÉCESSAIRES AUX TRAVAUX DE FORTIFICATION (LOI DU 30 MARS 1831)

En cas de convention amiable.

1° Décret qui a déclaré l'urgence des travaux pour l'exécution desquels l'acquisition ou l'expropriation est devenue nécessaire ;

2° Certificat du maire constatant que les publications voulues par l'article 3 de la loi du 30 mars 1831 ont été faites;

3° Mêmes justifications que celles prescrites par la loi du 3 mai 1841.

En cas de jugement.

a) INDEMNITÉ PROVISIONNELLE :

Comme ci-dessus (1° et 2°).

Et de plus :

3° Jugement qui a fixé l'indemnité provisionnelle de dépossession;

4° Engagement du préfet de remettre au payeur, dans le délai de deux mois, les pièces constatant l'accomplissement des formalités hypothécaires sur le jugement;

5° Décision ministérielle prescrivant la consignation et l'indemnité provisionnelle.

b) Indemnité définitive :

Mêmes justifications que celles prescrites par la loi du 3 mai 1841.

Nota. — Si l'indemnité n'excède pas 100 fr., le paiement en sera effectué sans formalités hypothécaires.

182

ACQUISITIONS D'IMMEUBLES EN TUNISIE

Immeubles immatriculés (Loi foncière tunisienne du 10 juillet 1885, modifiée le 15 mars 1892).

L'acte de vente d'une propriété immatriculée ne se transcrit pas; il est déposé à la conservation de la propriété foncière à Tunis. Pour que ce dépôt soit accepté, il faut :

1° Que l'acte soit dûment timbré, enregistré et légalisé;

2° Que le vendeur soit déjà inscrit sur le livre foncier comme titulaire du droit par lui aliéné (art. 337 de la loi foncière). « L'existence d'un droit réel résulte, à l'égard des tiers, de son inscription; l'annulation de cette dernière ne pourra en aucun cas être opposée aux tiers de bonne foi » (art. 16). Par suite, l'acquéreur de bonne foi est assuré de ne pas être évincé, alors même que le droit de son vendeur aurait été inscrit à tort par un ayant droit antérieur;

3° Que le vendeur ait capacité pour aliéner (art. 354 de la loi foncière).

Si ces conditions sont remplies, le conservateur accepte le dépôt et inscrit la vente sur le livre foncier. Le droit de l'acquéreur résulte, à l'égard des tiers, de cette inscription (art. 16).

L'immeuble à l'égard duquel le conservateur aurait omis, dans un certificat, un ou plusieurs des droits inscrits qui devraient y figurer légalement, en demeure affranchi dans les mains du nouveau possesseur, sauf la responsabilité du conservateur, s'il y a lieu (art. 378).

L'inscription remplace donc, pour les immeubles immatriculés, la transcription du droit français, tout en présentant des garanties autrement étendues et en produisant des effets infiniment plus énergiques.

En conséquence, lorsque le conservateur certifie que la vente d'une propriété immatriculée, consentie à l'État français, a été inscrite sur le livre foncier, et que la propriété n'est grevée d'aucune charge, il faut tenir pour certain : que l'acte de vente était régulier au point de vue fiscal ; que les droits du vendeur ont été légalement transférés à l'État acquéreur ; et qu'aucune charge ne grève effectivement la propriété transférée entre les mains du nouveau possesseur.

La production d'une copie de l'acte de vente n'ajouterait rien à la force du certificat qui, d'autre part, tient lieu à lui seul, sous le régime de la loi foncière, de toutes autres pièces susceptibles d'assurer la paisible possession de l'acquéreur.

Pièces à produire :

Certificat du conservateur ; arrêté du directeur des travaux publics ; mandat ou certificat pour paiement portant acquit du vendeur.

Immeubles non immatriculés. (Droit commun tunisien.)

Dans la loi tunisienne, chaque immeuble est, comme dans la loi foncière, représenté par un titre, mais ce titre n'est déposé dans aucun dépôt public ; il n'en existe qu'un original détenu par le propriétaire ou par le créancier hypothécaire.

La transmission de l'immeuble s'opère par la tradition du titre, sur lequel il est fait mention de l'opération.

Si l'immeuble n'est transmis qu'en partie, mention de la

distraction de la parcelle est faite sur le titre, et un titre spécial est créé pour la parcelle détachée.

Si l'immeuble sert de gage à un prêt, le prêt est constaté par un acte qui établit la remise de la somme prêtée à l'emprunteur et du titre de propriété garantissant le prêt au créancier.

Il n'existe pas en Tunisie de charges occultes susceptibles de grever les biens; toutes les charges sont inexistantes si elles ne sont pas mentionnées sur le titre.

Il n'y a pas non plus en Tunisie, pour les immeubles régis par la loi tunisienne, de service public où les mutations soient transcrites et les hypothèques inscrites.

Il suit de là que, si l'acquéreur est mis par son vendeur en possession du titre de propriété de l'immeuble vendu, il devient propriétaire définitif, sans recours possible de la part de tiers quelconques, et avec l'assurance qu'il n'existe pas d'hypothèques sur l'immeuble, sans quoi le vendeur n'aurait pu livrer le titre.

Si, au contraire, le titre de propriété est remis à l'acquéreur par le créancier hypothécaire, avec le consentement du propriétaire contenu dans l'acte de vente, c'est que le créancier se reconnaît par là même désintéressé.

Si l'immeuble acquis n'est qu'une parcelle d'un plus grand domaine, les droits de l'acquéreur sont parfaits dès l'instant où mention de la distraction de la parcelle vendue a été faite sur le titre resté entre les mains du vendeur ou de son créancier hypothécaire, et où il est remis à l'acquéreur un titre spécialement créé pour la parcelle. L'accomplissement de ces deux opérations comporte d'ailleurs par lui-même la preuve absolue qu'il ne peut exister de charge sur la parcelle distraite.

Pièces à produire :

1° Extrait de l'acte de vente;

2° Arrêté du directeur général des travaux publics certifiant : dans le cas d'achat d'un immeuble entier, le dépôt aux archives de l'État du titre de propriété ; dans le cas d'achat d'une parcelle détachée d'une plus grande contenance : 1° que l'acte d'achat des parcelles acquises formant le titre de propriété de ces parcelles, dûment timbré et enregistré, a été remis à l'État et déposé aux archives de la direction générale des travaux publics de la Régence ; 2° que le titre de propriété des domaines d'où ces parcelles ont été distraites a été représenté à la direction générale et émargé de la distraction desdites parcelles ;

3° Mandat ou certificat pour paiement portant l'acquit du vendeur.

183

AGENTS DONT LES FONCTIONS ONT ÉTÉ SUSPENDUES POUR UNE CAUSE ÉTRANGÈRE AU MÉRITE DE LEURS SERVICES ET QUI NE SONT PAS ADMISSIBLES AU TRAITEMENT D'INACTIVITÉ (A. E.)

Les agents diplomatiques et consulaires qui se trouvent dans ce cas peuvent, en vertu d'une décision spéciale du Chef de l'État, recevoir la moitié du traitement assigné au poste dont ils sont titulaires, pendant un laps de temps qui, sauf des circonstances particulières sur lesquelles le Gouvernement se réserve de statuer, ne doit pas excéder une année.

Cette allocation ne peut être réclamée par l'agent rappelé que dans le cas où il n'est pas remplacé et où le traitement de l'emploi continue d'être porté au budget.

A produire :

Ampliation certifiée du décret rendu par le Chef de l'État.

184

AGENTS EN CONGÉ (A. E.)

Le quatrième quart du traitement, disponible par suite du congé d'un chef de mission diplomatique, est ordonnancé, en fin d'exercice, au profit du service des pensions civiles.

Il en est de même de la moitié disponible du traitement des titulaires de postes ou de fonctions consulaires en congé lorsqu'il n'y a pas d'intérimaires.

A produire :

1° Ordonnance délivrée au nom du receveur central de la Seine ;

2° État nominatif approuvé par le ministre et indiquant la durée du congé d'où résulte la bonification ; la quotité du traitement annuel et la somme à verser, sur chaque traitement, à la caisse des pensions civiles.

185

ALLOCATIONS FIXES ATTRIBUÉES A DES AGENTS VICE-CONSULS ET A DES AGENTS CHARGÉS DE MISSIONS (A. E.)

Ces allocations sont assujetties à l'exercice des retenues pour les pensions.

1° État nominatif dûment arrêté (ou ordonnance individuelle) indiquant pour chaque agent :

a) Le grade ou la nature des fonctions ;

b) Le siège de l'agence ou de la mission ;

c) La durée du service ;

d) En cas d'absence du titulaire : l'époque de la cessation et de la reprise des fonctions ;

e) Lorsqu'il y a un intérimaire : la durée de son intérim ;

f) La somme brute à payer ;

g) S'il y a lieu, la moyenne annuelle du net produit des perceptions de chancellerie de l'agence ;

h) Le montant des retenues à exercer au profit du Trésor pour le service des pensions civiles, en exécution de la loi du 9 juin 1853 ;

i) En cas de nomination nouvelle ou d'augmentation : la date de l'entrée en jouissance et, afin de déterminer la retenue du douzième, la position et le traitement antérieurs.

(Une copie certifiée de la décision ministérielle qui fixe la quotité de l'allocation et, le cas échéant, le chiffre de la moyenne annuelle du net produit des perceptions, doit, en outre, être produite à l'appui du premier paiement; lors des paiements subséquents, il suffit de rappeler la date et le numéro de l'ordonnance à laquelle la décision a été jointe.)

j) La somme nette restant à payer.

2° Acquit de l'ayant droit ou de son fondé de pouvoirs.

186

ALLOCATIONS A DES DROGMANS AUXILIAIRES, INTERPRÈTES, TRADUCTEURS, ETC. (A. E.)

Copie certifiée de la décision ministérielle qui accorde l'allocation ;

Quittance des parties prenantes.

187

APPOINTEMENTS

Voir : **Traitements.**

188

ARCHITECTES

Les honoraires d'un architecte qui a dirigé des travaux donnés à l'entreprise doivent être calculés, en l'absence de conventions contraires, sur le montant du règlement des mémoires après rabais [1].

189

ARTISTES

Les acomptes sur les commandes ne doivent pas excéder les neuf dixièmes des travaux exécutés.

190

ASSURANCES

Primes d'assurances contre l'incendie :

Copie de la police [2] ;

Quittance timbrée à 0 fr. 10 c.

191

ATELIERS DE MILITAIRES CONDAMNÉS ET PÉNITENCIERS MILITAIRES (G.)

Dépenses payées sur les fonds généraux de l'établissement (blanchissage, gratifications au personnel inférieur, dépenses d'entretien du mobilier, etc.).

Relevé des dépenses ;

Factures (T) quittancées ou quittances des créanciers réels, arrêtées par le conseil d'administration et vérifiées par le sous-intendant militaire ;

Quittance donnée par le conseil d'administration sur le mandat émis par le fonctionnaire de l'intendance.

---

(1) Jugement du Tribunal civil de la Seine, 6e chambre, audience du 7 mars 1899.

(2) Injonction de la Cour des comptes, gestion 1894, 2e partie.

Primes allouées pour la masse d'habillement et d'entretien.

État collectif;

Quittance donnée sur ledit état par le conseil d'administration de l'établissement.

192

AVOCATS

Les avocats au Conseil d'État et à la Cour de cassation doivent produire des mémoires timbrés et donner quittance parce qu'ils sont titulaires d'une charge [1].

193

AVOUÉS

Il y a exception à la taxe par le juge en ce qui concerne les frais exposés par les avoués du Trésor à Paris [2].

194

BALAYAGE

Avertissements ou états dressés par le préfet.

195

BATIMENTS CIVILS

Allocations.

1° Copie ou extrait de la décision qui accorde l'allocation;

2° Quittance de l'ayant droit.

---

(1) Note du Ministère de l'instruction publique.

(2) Note du Contentieux du 16 mai 1889.

Frais de voyage et de tournées.

1° État nominatif dûment arrêté présentant les bases du calcul des droits acquis et la somme à payer à chaque fonctionnaire ou agent;

2° Quittance de l'ayant droit.

A forfait.

1° Copie ou extrait de la décision réglant le montant du forfait;

2° Quittance de l'ayant droit.

Honoraires des architectes et des vérificateurs.

1° État de liquidation;

2° Décompte (T);

3° Quittance.

Les acomptes qui peuvent être payés avant la production des mémoires ne doivent pas dépasser la moitié des travaux exécutés [1].

196

BAUX

Premier paiement.

1° Bail (T) dûment approuvé et enregistré et, de plus, transcrit lorsque sa durée est de plus de dix-huit ans;

2° Quittance du propriétaire.

NOTA. — Les baux passés au nom de l'administration sont susceptibles d'être enregistrés gratis.

---

(1) Décret du 13 novembre 1893.

Paiements subséquents.

1° Quittance du propriétaire;

2° Indication du compte et du mandat auxquels le bail a été joint antérieurement, et, dans le cas où l'immeuble aurait été vendu postérieurement au bail : extrait (T) de l'acte de vente.

Dans un bail passé avec l'administration, la stipulation que le prix du loyer serait acquitté d'avance ne peut être admise [1].

197

BIBLIOTHÈQUES (G.)

Remboursement d'avances faites par les agents diplomatiques.

1° Factures d'achat de livres à l'étranger, traduites s'il y a lieu;

2° Quittance des créanciers réels;

3° Indication des numéros d'inscription des ouvrages au catalogue de la bibliothèque.

En outre, si ces achats ont été effectués par les attachés militaires et remboursés par l'agence diplomatique et consulaire : Reçu de l'officier.

198

BONS DU TRÉSOR

Le montant des bons comprend le capital et l'intérêt cumulés.

L'acquit donné au dos des bons n'est pas passible du

(1) Note du Ministre de la guerre du 18 septembre 1860.

timbre-quittance. Si le bon est au porteur, la personne qui le présente met au verso son nom et son adresse; s'il est à ordre, le payeur s'assure de la régularité des endossements et de la validité de l'acquit. Si le bon est à l'ordre d'une femme mariée, le payeur exige la signature du mari pour autorisation et la communication du contrat de mariage [1]. Si le dernier endos est à l'ordre d'une société en nom collectif, l'acquit social est donné sans justification. S'il s'agit d'une société anonyme, le payeur reçoit l'acquit de la personne autorisée. Les pièces justificatives de la constitution de la société et des pouvoirs conférés sont produits en communication seulement. Il en est de même pour la justification des pouvoirs d'un mandataire; la procuration n'est pas conservée; mais si l'acquit est donné par des héritiers, les pièces produites par les ayants droit restent jointes au paiement.

Les bons du Trésor à ordre perdus ne sont pas remplacés; ils ne peuvent être payés qu'en vertu d'une décision ministérielle et après dépôt, pendant cinq ans, d'un cautionnement représentant la valeur du bon. Une ampliation de la décision ministérielle est produite à l'appui du paiement.

La question de propriété soulevée par la revendication des titulaires de bons revêtus de faux endos doit être tranchée par des jugements rendus contradictoirement avec tous les endosseurs, y compris le condamné par contumace et l'administration des domaines, en qualité de séquestre des biens des condamnés par contumace. Il n'y a pas lieu d'accepter une ordonnance de référé autorisant le Trésor à effectuer le paiement entre les mains du séquestre [2].

La Caisse centrale est fondée à refuser d'accepter une opposition sur un bon du Trésor au porteur [3].

---

(1) Lettre ministérielle du 3 août 1865.

(2) Notes du Contentieux des 22 mars, 25 avril et 24 août 1878.

(3) Note du Contentieux du 1er mars 1879.

Pour l'émission des bons à échéances coupées, les intérêts sont calculés d'après le nombre réel de jours en prenant pour diviseur le nombre de jours effectifs de l'année (365 ou 366) dans laquelle doit avoir lieu le remboursement (1).

199

BOURSES (I. P.)

Acompte.

État nominatif des élèves présents le premier jour du trimestre ;

Lettre d'avis quittancée par l'économe de l'école.

Solde.

État de liquidation définitive de la dépense de chaque trimestre, avec le résumé général de la dépense de l'année, à la suite de l'état du quatrième trimestre ;

Lettre d'avis quittancée par l'économe.

Les bourses d'études sont ordonnancées mensuellement et payables d'avance.

200

BOURSIERS DE LA MARINE

Boursiers de la Marine aux collèges communaux des ports.

États nominatifs des élèves ;

Quittance de l'économe de l'établissement.

---

(1) Circulaire du Mouvement des fonds du 12 février 1881.

Bourses, indemnités de trousseau, secours accordés pour tenir lieu de bourses dans d'autres établissements d'instruction publique.

Copies ou extraits des décisions ministérielles;
Quittance.

201

BOURSIERS ENVOYÉS A L'ÉTRANGER (I. P.)

En réponse à une note de la Caisse centrale du 27 août 1892 demandant pour quel motif certains reçus ne sont pas signés par les boursiers eux-mêmes, le ministre de l'instruction publique explique que les sommes sont adressées tantôt aux personnes qui les logent, tantôt à des chefs d'établissements scolaires et que ce mode de procéder a été adopté comme présentant plus de garantie en raison de l'âge des jeunes gens qui sont tous mineurs.

202

CANAUX D'ORLÉANS ET DU LOING

Les actions encore affectées à des dotations sont converties en annuités de rachat au fur et à mesure du décès des dotataires et s'éteignent trente ans après cette conversion.

Les dotations sont payables par trimestre [1]. Elles sont incessibles et insaisissables. Elles peuvent être possédées par des Français ou des étrangers.

Ces dotations sont payées sur la production d'un certificat de vie timbré.

Le montant attribué à chaque action est annuellement de 571 fr. 42 c. Les fractions de centimes étant négligées, il n'est payé que 142 fr. 85 c. par trimestre. Par contre, si

(1) Il est établi autant de quittances qu'il y a d'exercices sur lesquels doivent s'imputer les paiements.

la dotation est formée par deux actions, la somme étant de 1,142 fr. 84 c., chaque trimestre est payé intégralement pour 285 fr. 71 c.

Dans le cas où il y a lieu de payer une portion de trimestre par suite de décès, de déchéance ou de rétablissement, chaque jour est compté pour 1/90e. Les décomptes doivent être arrêtés de concert avec la Dette inscrite.

Quand il y a lieu de payer un rappel d'arrérages au moment du rétablissement de la dotation, l'estampillage du titre doit être effectué dans le cadre réservé à cet effet, avec mention des prélèvements opérés.

Ces prélèvements, prescrits par l'article 14 du décret du 4 mai 1809 et les articles 2 et 3 du décret du 3 mars 1810, se composent :

1° Des droits d'investiture et d'expédition de brevet fixés à 8 fr. 34 c. ;

2° Du 5e du revenu d'une année de la dotation, attribuée par moitié au Trésor et à la Légion d'honneur ;

3° De la valeur du timbre de 0 fr. 25 c. à apposer sur le récépissé.

Ces prélèvements sont versés au compte des retenues pour droits d'investiture sur les arrérages des dotations.

Mention est faite de ces retenues dans la quittance à retirer de la partie, quittance qui n'est établie en toutes lettres que pour la somme nette réellement payée à l'ayant droit.

Au cas où le payeur acquerrait la preuve que le titulaire d'une dotation est détenu par suite d'une condamnation ou pour toute autre cause, il doit surseoir au paiement des arrérages et porter le fait à la connaissance de la Dette inscrite.

Bien que la déchéance triennale ne soit pas applicable aux dotations, les arrérages non payés depuis trois ans ne peuvent plus l'être que sur autorisation spéciale de la Dette inscrite.

203

CAUTIONNEMENTS DES COMPTABLES

Les intérêts des cautionnements sont soumis à la prescription quinquennale.

Le paiement des intérêts doit être refusé aux comptables qui ont notoirement cessé leurs fonctions, à moins qu'ils ne soient autorisés à toucher le remboursement du capital. Toutefois, une décision ministérielle du 7 février 1872 autorise le paiement des intérêts des cautionnements des receveurs municipaux et des percepteurs justiciables de la Cour des comptes, même après la cessation de leurs fonctions.

Les intérêts de cautionnements sont payés aux titulaires sur la présentation de leurs certificats d'inscription et aux bailleurs de fonds sur la présentation de leur certificat de privilège.

Les ordonnances d'intérêts de capitaux de cautionnements sont exclusivement délivrées sur la caisse de l'agent de la dépense du département dans lequel les titulaires exercent leurs fonctions.

Pour le paiement des intérêts au nom d'une femme bailleresse de fonds, il y a lieu de demander la communication du contrat de mariage lorsque les deux époux n'interviennent pas à la quittance.

La femme séparée de biens peut toucher librement le montant d'un cautionnement à moins de clause de remploi dans le contrat de mariage.

Bien que la loi du 25 nivôse an XIII accorde un privilège de second ordre aux bailleurs de fonds, toute opposition sur le titulaire empêche le paiement du capital.

L'article 142 de la loi du 9 juillet 1836, qui déclare périmée au bout de cinq ans toute opposition faite sur les sommes dues par le Trésor public, est applicable aux saisies-arrêts pratiquées sur les cautionnements des officiers ministériels.

A l'appui du paiement des intérêts annuels, produire : état nominatif de liquidation d'intérêts dressé par la direction de la dette inscrite ; quittance individuelle.

A l'appui du paiement des intérêts après la cessation des fonctions et du remboursement du cautionnement aux titulaires ou aux bailleurs de fonds, produire : Ordres ministériels de paiement ou extraits certifiés par le directeur du mouvement général des fonds ; quittances des ayants droit, soit apposées au pied des lettres d'avis d'expédition d'ordres de paiement, soit séparées ;

Et, de plus, les pièces justificatives de la libération des titulaires, déterminées ainsi qu'il suit et applicables aux différentes classes de cautionnement, suivant le détail donné page 108 :

1. Certificat d'inscription au nom du titulaire ; à son défaut, une déclaration de perte ou d'impossibilité de produire le titre, faite sur papier timbré et dûment légalisée par le maire, le préfet ou le sous-préfet ; s'il n'y a pas eu de certificat d'inscription, les récépissés de versement ou certificats des comptables du Trésor public.

Les bailleurs de fonds doivent produire, outre le certificat d'inscription, les certificats de privilège de second ordre qui leur ont été délivrés, ou une déclaration de perte, ou à défaut de ces pièces un certificat du directeur de la dette inscrite constatant l'existence du cautionnement ;

2. Certificat de non-opposition, délivré par le greffier, enregistré, visé par le président du tribunal de première instance de l'arrondissement de la résidence du titulaire, conformément à la loi du 6 ventôse an XIII, qui ne prescrit pas la formalité de l'affiche de la cessation des fonctions ; ledit certificat délivré postérieurement au jour de la

cessation des fonctions, et pour les journaux postérieurement au consentement n° 19 ci-après;

3. Certificat délivré par le greffier de la Cour près laquelle a exercé le titulaire, enregistré, visé par le président, constatant que la cessation des fonctions a été affichée pendant trois mois; que, pendant cet intervalle, il n'a été prononcé contre le titulaire aucune condamnation pour faits relatifs à ces fonctions, et qu'il n'existe aucune opposition à la délivrance de ce certificat, ou que les oppositions survenues ont été levées (T);

4. Certificat délivré par le greffier du tribunal de première instance près lequel a exercé le titulaire, enregistré, visé par le président et portant les mêmes attestations que le certificat précédent (T);

5. Certificat du greffier du tribunal de commerce de la résidence du titulaire, enregistré, visé par le président, portant les mêmes attestations que le certificat n° 3 ci-dessus (T);

6. Certificat délivré par le syndic de la Bourse près laquelle a exercé le titulaire, constatant que la cessation de ses fonctions y a été affichée pendant trois mois. Ce certificat est visé par le président du tribunal de commerce de la résidence, lequel, s'il n'existe pas de Bourse à la résidence du titulaire, en fait mention dans son visa au bas du certificat n° 5 (T);

7. Certificat de quitus du produit des ventes dont le titulaire a été chargé, délivré par la chambre de discipline et visé par le président ou le procureur du tribunal près lequel il a exercé. S'il n'y a pas de chambre de discipline, ce certificat est délivré, savoir: aux huissiers, par les huissiers audienciers du tribunal, qui y font mention de la non-existence de chambre, et il est visé par le président ou le procureur de la République; aux commissaires-priseurs, par le procureur de la République du ressort de ces officiers; le certificat énonce que le commissaire-priseur ne dépend d'au-

cune chambre de discipline, et il est visé par le président du tribunal (T).

Les commissaires-priseurs qui ne peuvent se procurer le quitus exigé par le décret du 24 mars 1809 y suppléent en produisant un certificat, soit de leur chambre de discipline, visé par le président ou le procureur de la République, soit du procureur de la République, visé par le président, constatant qu'ils sont dans l'impossibilité de représenter toutes les pièces comptables nécessaires pour l'obtenir, et que la cessation de leurs fonctions a été insérée dans l'un des journaux imprimés au chef-lieu de l'arrondissement du tribunal, ou, à défaut, dans un de ceux du chef-lieu du département, et ce trois fois de mois en mois (T).

Les huissiers qui sont dans le même cas doivent produire un pareil certificat délivré par leur chambre de discipline ou par des huissiers audienciers, et visé par le président ou le procureur de la République.

8. Certificat de quitus du receveur des finances de l'arrondissement du titulaire, constatant que la libération du comptable, pour tous les services qui lui étaient confiés, résulte, tant des justifications produites par lui que des vérifications faites à la recette particulière.

Les certificats délivrés par les receveurs particuliers doivent être revêtus du visa du trésorier-payeur général ;

9. Certificat du préfet, délivré au vu des certificats de quitus des maires, et constatant que les derniers comptes du titulaire, définitivement jugés par le conseil de préfecture, sont apurés et soldés ; les receveurs des communes, dont les comptes sont jugés par la Cour des comptes, doivent produire, en outre, l'arrêt de quitus de la Cour ;

10. Consentement de l'administration à laquelle a été attaché le titulaire au remboursement du cautionnement fourni en numéraire, donné conformément aux articles 1 et 2 de l'ordonnance du 22 mai 1825 ;

11. Consentement délivré par le directeur général de l'administration au remboursement de la totalité du cautionnement en numéraire inscrit au nom du titulaire, en sa qualité de. . . . . portant qu'il n'a jamais exercé de fonctions comptables, soit en deniers, soit en matières ;

12. Certificat du directeur général de la comptabilité publique, constatant que la comptabilité du titulaire ne fait ressortir aucun débet à sa charge ;

13. Arrêt de quitus de la Cour des comptes délivré par le greffier en chef ;

14. Certificat de libération définitive délivré par le directeur général de la comptabilité publique et relatant la date de l'arrêt de quitus de la Cour des comptes ;

15. Certificat de quitus délivré par le comptable supérieur, et visé par le ou les fonctionnaires chargés de surveiller sa gestion et par le directeur général de la comptabilité publique ;

16. Consentement de l'administration à laquelle était attaché le titulaire au remboursement du cautionnement, donné d'après la vérification des comptes-matières, dont les résultats ont été reconnus conformes aux écritures et aux pièces justificatives, et qui ne font ressortir aucun débet ;

17. Certificat de libération définitive de l'administration à laquelle a été attaché le titulaire, portant qu'en sa qualité de. . . . . il est libéré complètement de sa gestion en matières par l'arrêt de quitus de la Cour des comptes, dont expédition a été notifiée à l'administration ;

18. Consentement donné au remboursement par le ministre dont dépend le titulaire ou par l'autorité supérieure à laquelle il est subordonné ;

19. Consentement au remboursement donné par le ministre de l'intérieur pour les journaux publiés à Paris, par les préfets pour les journaux publiés dans les départements et l'Algérie, et par les gouverneurs pour les journaux pu-

bliés dans les colonies, trois mois après la déclaration de cessation de la publication ou de la gérance, faite soit au ministère de l'intérieur, soit à la préfecture, suivant la distinction ci-dessus;

20. Certificat ou lettre du directeur du contentieux des finances, constatant que des immeubles ou rentes sur l'État sont affectés à la garantie de la gestion du titulaire, jusqu'au quitus définitif de la Cour des comptes, et pour la somme de. . . . . (Remboursement du dernier tiers du cautionnement des comptables directs de la Cour des comptes);

21. Certificat de propriété, enregistré et légalisé, et conforme au modèle annexé au décret du 18 septembre 1806 (T);

22. Jugement. Certificats prescrits par l'article 548 du Code de procédure civile. Certificat conforme aux articles 5 et 7 de la loi du 25 nivôse an XIII. Si le titulaire est en fonctions, certificat délivré par le greffier et visé par le président du tribunal de première instance, constatant que le jugement obtenu par le créancier a été affiché dans l'auditoire du tribunal pendant trois mois consécutifs; que pendant cet intervalle il n'a été prononcé contre ce titulaire aucune autre condamnation pour faits relatifs à ses fonctions, et qu'il n'existe pas de nouvelles oppositions sur son cautionnement, ni à la délivrance du certificat (T);

23. Expédition du jugement qui a ordonné le dessaisissement, avec l'original de la signification. État des frais de poursuite et d'instance taxé par le président du tribunal. Certificat du greffier constatant qu'il n'est survenu aucune opposition sur le cautionnement depuis celle de l'administration. Si le jugement de dessaisissement a été rendu par défaut, certificat du greffier portant qu'il n'a point été attaqué par voie d'opposition (T);

24. Certificat du receveur des finances constatant : 1° que la comptabilité du titulaire ne fait ressortir aucun débet à sa charge; 2° que les derniers comptes de gestion ont été trans-

mis à l'autorité chargée de la juger ; 3° que les maires et administrateurs des communes et établissements publics, dont la gestion est confiée au percepteur receveur municipal, consentent au remboursement. Ce certificat doit être visé par le trésorier-payeur général;

25. Certificat de quitus délivré par le conseil d'administration des chemins de fer de l'État;

26. Procuration (T); elle doit être légalisée si elle est sous seing privé et, dans ce cas, elle n'est pas soumise à la formalité de l'enregistrement.

NOTA. — La pièce n° 20 est produite lorsque le titulaire obtient, avant l'arrêt de quitus de la Cour des comptes, le remboursement du dernier tiers de son cautionnement, au moyen d'un remplacement équivalent en immeubles ou en rentes sur l'État.

Les héritiers, légataires, créanciers et autres ayants droit qui demandent le remboursement du cautionnement du titulaire qu'ils représentent doivent produire la pièce n° 21.

A l'égard des pièces désignées sous les nos 22 et 23, elles doivent être fournies à l'appui des prélèvements autorisés sur cautionnement, savoir : la première, pour créances résultant de faits de charge; la seconde, pour amendes à recouvrer par les préposés de l'enregistrement.

Les titulaires des cautionnements (ou, en leur place, les bailleurs de fonds) doivent produire, pour obtenir le remboursement de leurs capitaux et des intérêts échus, les pièces indiquées ci-dessus, suivant la classe à laquelle ils appartiennent, savoir :

Ministère des affaires étrangères.

	PIÈCES.
Agent comptable des chancelleries diplomatiques et consulaires	1, 2, 13, 14
Vice-consuls et chanceliers	1, 15

Ministère de la justice.

Avocats au Conseil d'État et à la Cour de cassation	1, 2, 3
Avoués près les cours d'appel	1, 2, 3
Avoués près les tribunaux de première instance	1, 4
Commissaires-priseurs	1, 4, 7
Gardes du commerce	1, 2, 5
Greffiers de la Cour de cassation et des cours d'appel	1, 2, 3
Greffiers des tribunaux de première instance	1, 4

	PIÈCES.
Greffiers des tribunaux de commerce	1, 2, 5
Greffiers de paix et de police.	1, 4
Huissiers	1, 4, 7
Notaires.	1, 4
Agent comptable de la grande chancellerie de la Légion d'honneur	1, 2, 14

Ministère de l'instruction publique.

Économes des lycées	1, 2, 13, 18 (1)
Secrétaires des écoles de droit	1, 2, 8, 18
Secrétaires des facultés	1, 2, 8, 18
Agent spécial de l'Institut	1, 2, 18
Agents comptables des Écoles de pharmacie	1, 2, 8, 18
Préposés divers justiciables de la Cour des comptes. . .	1, 2, 13, 18 (1)
Préposés divers autres.	1, 2, 18

Ministère de l'intérieur.

Propriétaires ou gérants de journaux ou écrits périodiques.	1, 2, 19
Greffiers de maisons de détention.	1, 2, 18
Régisseur des immeubles du boulevard Mazas appartenant à l'asile de Vincennes.	1, 2, 18
Receveur économe dudit asile	1, 2, 13, 18 (1)
Receveur économe de l'institution des jeunes aveugles et de celle des sourds-muets	1, 2, 13, 18 (1)
Préposés divers justiciables de la Cour des comptes. . .	1, 2, 13, 18 (1)
Préposés divers autres.	1, 2, 18

Ministères de l'agriculture, du commerce et des travaux publics.

Agents de l'administration des télégraphes.	1, 2, 18
Agents de change, courtiers de commerce et d'assurances maritimes dans les départements	1, 5, 6
Courtiers de commerce et d'assurances à Paris	1, 5, 6
Agent comptable de l'école forestière	1, 2, 14
Et pour les deux premiers tiers.	1, 2, 10, 12
Agents comptables des écoles des arts et métiers	1, 2, 18 (2-3)
Régisseurs des écoles vétérinaires	1, 2, 18 (2-3)
Régisseurs des bergeries.	1, 2, 18 (2-3)
Régisseurs des établissements thermaux.	1, 2, 18 (2-3)
Préposés divers.	1, 2, 18 (2-3)

(1) Pour le remboursement des deux tiers avant l'apurement de leur comptabilité, les pièces nos 1, 2, 18.

(2) Relativement aux comptables justiciables de la Cour des comptes, les pièces nos 1, 2, 18 ne s'appliquent qu'au remboursement des deux tiers du cautionnement. La pièce no 13 doit être produite pour obtenir le remboursement du dernier tiers.

(3) Et de plus, pour les comptables en matières, pièce no 17.

	PIÈCES.
Receveurs des droits sanitaires	1, 2, 15
Chefs du service des ponts	1, 2, 18

Ministère de la guerre.

Agents comptables des divers services et officiers d'administration comptables	1, 18 (1)
Experts commissionnés	1, 18 (1)
Commissaires des poudres et salpêtres	1, 18 (1)

Ministère de la marine et des colonies.

Agents comptables et trésoriers des Invalides	1, 2, 18 (1)
Agents comptables des fonds coloniaux	1, 2, 18 (1)
Trésoriers des colonies	1, 2, 18 (1)
Agents des traites des colonies	1, 2, 18 (1)
Curateurs aux successions vacantes dans les colonies	1, 4, 18

Ministère des finances.

Agent comptable des transferts et mutations	1, 2, 13
Agent comptable du grand-livre	1, 2, 13, 14
Agents de change à Paris	1, 5, 6
Caissiers des caisses d'amortissement et des dépôts et consignations (2)	1, 2, 13 (3)
Caissier de la Cour des comptes	1, 2, 18
Caissier payeur central du Trésor public	1, 2, 14 (4)
Trésoriers-payeurs en Algérie	1, 2, 14 (3)
Payeurs particuliers en Algérie	1, 2, 15
Trésoriers-payeurs des colonies	1, 2, 14 (3)
Trésoriers-payeurs généraux	1, 2, 14 (3)
Receveurs particuliers des finances	1, 2, 15
Receveur central du département de la Seine	1, 2, 14 (3)
Percepteurs des contributions directes	1, 2, 8

(1) Et de plus, pour les comptables en matières, pièce nº 17.

(2) Le caissier des caisses d'amortissement et des dépôts et consignations peut, à la cessation de ses fonctions et avant l'apurement définitif de sa comptabilité, obtenir le remboursement des deux tiers de son cautionnement sur la production d'un certificat délivré par le directeur général de ces deux établissements et visé par le commissaire de surveillance constatant qu'il a rendu les derniers comptes de sa gestion et que la vérification administrative qui en a été faite ainsi que des écritures et pièces à l'appui, n'a fait ressortir aucun débet à sa charge. Le surplus du cautionnement peut aussi être remboursé immédiatement si le comptable fournit en remplacement un cautionnement équivalent en immeubles ou en rentes sur l'État.

La remise de ce cautionnement immobilier ou le remboursement de la portion du cautionnement en numéraire réservée par le Trésor seront effectués sur la production de l'arrêt de quitus rendu sur le dernier compte de la gestion du caissier.

En cas de remboursement des deux premiers tiers du cautionnement avant l'arrêt de quitus de la Cour des comptes aux termes de l'ordonnance royale du 22 mai 1825, production des pièces 1, 2, 12; lors du remboursement du troisième tiers, pièce nº 13.

(3) Pour le remboursement des deux premiers tiers, les pièces nos 1, 2, 12.

(4) Pour les deux premiers tiers, les pièces nos 1, 10, 12.

	PIÈCES.
Receveurs des amendes	1, 2, 8
Receveurs des communes justiciables de la Cour des comptes	1, 2, 13, 24
Receveurs des communes justiciables des conseils de préfecture	1, 2, 8, 9, 24
Préposés aux halles et fontaines	1, 2, 18
Inspecteur du service intérieur du ministère des finances, conservateur du mobilier et de l'argenterie	1, 2, 18
Préposés divers justiciables de la Cour des comptes	1, 2, 14 (1)
Préposés divers autres	1, 2, 18

Administration de l'enregistrement et des domaines.

Receveurs de l'enregistrement et des domaines	1, 2, 10, 14 (2)
Conservateurs des hypothèques	1, 2, 10, 14 (2)
Inspecteurs et vérificateurs ayant exercé des fonctions comptables	1, 2, 10, 14 (2)
Gardes-magasins du timbre	1, 2, 10, 14 (2)
Distributrices de papier timbré à Paris	1, 2, 10, 14 (2)
Directeurs, inspecteurs et vérificateurs n'ayant jamais rempli de fonctions comptables	1, 2, 11

Administration des douanes.

Receveurs principaux	1, 2, 10, 14 (3)
Receveurs subordonnés	1, 2, 15
Directeurs, inspecteurs et sous-directeurs	1, 2, 11

Administrations des contributions indirectes.

Receveurs principaux des contributions indirectes	1, 10, 14 (4)
Receveurs principaux entreposeurs	1, 10, 14, 18 (5)
Entreposeurs des tabacs et des poudres à feu	1, 10, 17 (6)
Receveurs particuliers entreposeurs	1, 10, 15, 17 (7)
Receveurs particuliers sédentaires, receveurs ambulants à pied et à cheval, receveurs de la navigation, de la garantie	1, 15
Receveurs des droits d'entrée et d'octroi	1, 2, 15 (8)
Préposés non comptables (directeurs, inspecteurs, sous-inspecteurs, contrôleurs, commis à pied et à cheval)	1, 11

(1) Pour le remboursement des deux premiers tiers, les pièces nos 1, 2, 12.

(2) Pour les deux premiers tiers, les pièces nos 1, 2, 10, 12.

(3) Pour les deux premiers tiers, les pièces nos 1, 2, 10, 12.

(4) Pour les deux premiers tiers, les pièces nos 1, 10, 12.

(5) Pour les deux premiers tiers, les pièces nos 1, 10, 12, 16.

(6) Pour les deux premiers tiers, les pièces nos 1, 10, 16.

(7) Pour les deux premiers tiers, les pièces nos 1, 10, 15, 16.

(8) La pièce no 15 n'est visée par le directeur général de la comptabilité publique

Administration des manufactures de l'État.

	PIÈCES.
Gardes-magasins des manufactures et entreposeurs de tabacs en feuilles	1, 17 (1)
Directeurs des manufactures et de la culture, ingénieurs et contrôleurs des manufactures, sous-ingénieurs, inspecteurs de culture et contrôleurs de magasins	1, 11

Administration des postes.

Receveurs comptables des postes	1, 2, 10, 14 (2)
Receveurs non comptables	1, 2, 10, 15
Directeur de la fabrication des timbres-poste	1, 2, 10, 14 (2)
Agent comptable garde-magasin des timbres-poste	1, 2, 10, 14 (2)

Service des monnaies.

Directeurs des monnaies	1, 2, 10, 13, 18 (3)

Chemins de fer de l'État.

Divers agents	1, 25

En cas de déficit constaté dans une caisse publique, le comptable supérieur qui a comblé le déficit de ses deniers peut obtenir, par un prélèvement sur le cautionnement et à titre de mesure conservatoire, le remboursement de la somme versée, avant même que le débet ait été définitivement fixé par l'autorité compétente, sur la production d'une décision ministérielle visant les pièces qui établissent le déficit, ainsi que le versement qui en a été fait, et autorisant le prélèvement du débet.

204

CHAUFFAGE ET ÉCLAIRAGE (G.)

Fournitures, travaux et transports. — Marchés par adjudications publiques ou de gré à gré. — Locations. — Frais d'exploitation. — Fournitures faites en vertu de réquisitions.

Même mode de justification que pour le service des vivres.

Voir : **Éclairage.**

---

que lorsque des droits d'entrée ont été perçus au profit du Trésor ; s'il s'agit seulement de recettes d'octroi, il suffit que la déclaration de quitus soit délivrée par le receveur municipal et visée par le maire de la commune.

(1) Pour le remboursement des deux premiers tiers, les pièces nos 1, 16.

(2) Pour le remboursement des deux premiers tiers, les pièces nos 1, 2, 10, 12.

(3) Pour le remboursement des deux premiers tiers, les pièces nos 1, 2, 10, 12.

205

CHAUFFAGE ET ÉCLAIRAGE DES BUREAUX DES POSTES ET TÉLÉGRAPHES DANS PARIS

Mémoire ou facture (T), dûment vérifié et arrêté, constatant le détail des quantités livrées;

Quittance de l'ayant droit.

206

CHEMINS DE FER (G.)

Travaux exécutés par les compagnies de chemins de fer.

1° Procès-verbaux de réception signés par l'ingénieur chef du contrôle;

2° Décompte des travaux et fournitures;

3° Duplicata des factures ou mémoires quittancés et des quittances des entrepreneurs ou fournisseurs auxquels les compagnies ont eu recours pour l'exécution des travaux;

4° Quittance sur le mandat.

Dépenses concernant les exercices d'embarquement et de débarquement.

1° Facture (T) de la compagnie de chemin de fer;

2° État des frais de traction établi par le chef de gare et certifié, pour exécution, par le chef de corps ou le détachement;

3° État des dégradations faites au matériel de la compagnie, établi comme celui des frais de traction;

4° Quittance sur le mandat.

Travaux d'écritures et de dessin exécutés par les employés des compagnies de chemins de fer pour la mise à jour des livrets militaires établis pour la marche des trains en cas de mobilisation.

1° Facture (T) des intéressés revêtue du certificat d'exécution du service;

2° Quittance sur le mandat.

Dépenses d'entretien du matériel d'embarquement dans les corps de troupes.

1° Relevé des dépenses;

2° Factures quittancées et quittances des créanciers réels;

3° Quittance sur le mandat.

207

COMMANDES DE TABLEAUX, STATUES, SCULPTURES ET AUTRES OBJETS D'ART (B.-A.)

1° Arrêté du ministre, portant commande ou achat, explicatif des éléments du prix;

Nota. — Cette pièce est produite à l'appui du paiement de l'objet acheté ou commandé, ou à l'appui du premier acompte.

2° Lorsque l'acquisition résulte d'un marché, copie ou extrait (T) à l'appui du paiement intégral ou du premier acompte;

3° Au premier acompte et à chaque acompte subséquent, certificat d'avancement de l'ouvrage;

4° Au paiement pour solde, certificat de remise de l'ouvrage;

5° En cas d'interruption ou d'abandon de l'ouvrage, décision ministérielle expliquant les causes et fixant, s'il y a lieu, l'indemnité allouée à l'artiste;

6° Quittance de l'ayant droit.

208

CONCOURS AGRICOLES RÉGIONAUX (A. C.)

Menues dépenses.

Acquit du commissaire général sur le mandat d'avances et bordereau justificatif de l'emploi appuyé des quittances des créanciers réels, s'il y a lieu, ledit bordereau dûment arrêté et approuvé.

209

CONDAMNATIONS PRONONCÉES CONTRE LE TRÉSOR

A produire :

Expédition (T) ou signification (T) du jugement ou de l'arrêt prononcé contre le Trésor public; état des frais dûment taxés par le juge ou exécutoire des dépens (T); décision du ministre; quittance de l'ayant droit.

210

CONDUITE DES VOITURES DES POSTES

En plus des justifications ordinaires :

État de décompte des distances parcourues.

211

CONFECTION ET ENTRETIEN DES BOITES URBAINES DES POSTES DANS LES DÉPARTEMENTS

Confection.

Mémoire (T) vérifié et arrêté par le directeur-ingénieur;

Quittance de l'ayant droit.

Entretien.

État récapitulatif dressé par le directeur du département, approuvé par l'administration;

Quittance de l'ayant droit.

212

CONSERVATOIRE ET ÉCOLE DES ARTS ET MÉTIERS (A. C.)

Appointements.

État collectif émargé, certifié par le directeur et arrêté par le ministre ou par le préfet.

Remises et modérations sur pensions d'élèves.

1° Quittance des parties intéressées, lorsqu'il y a lieu à remboursement;

2° Récépissé à talon du receveur des finances, lorsqu'il s'agit de remises et modérations;

3° Copie ou extrait de la décision ministérielle.

Matériel.

1° Mémoires (T) quittancés des dépenses et fournitures;

2° Bordereau de ces dépenses, arrêté par le ministre ou le préfet;

3° Certificat du directeur, constatant l'inscription avec numéro d'ordre sur l'inventaire ou le catalogue de la bibliothèque.

213

CONSERVATOIRE NATIONAL DE MUSIQUE (B.-A.)

Médailles données en prix.

1° Mémoire de la Monnaie;

2° Certificat de remise des médailles;

3° Quittance.

214

CONTRÔLE DE L'ADMINISTRATION DE L'ARMÉE (G.)

Solde. — Frais de service. — Indemnités diverses.

1° État nominatif de paiement donnant pour chaque intéressé le détail des allocations auxquelles il a droit;

2° Quittance sur l'extrait d'ordonnance.

215

CONVOIS MILITAIRES

Convois par la voie de terre.

1° Bon de convoi (T) mentionnant le prix convenu pour chaque transport;

2° Certificat de l'exécution du service donné au lieu d'arrivée;

3° Quittance sur le mandat.

Si l'avance a été faite par le corps ou le détachement, la quittance est donnée sur le bon de convoi par le créancier réel. Dans ce cas, le mandat est acquitté par le conseil d'administration auquel le remboursement est fait par les soins du fonctionnaire de l'intendance.

Convois par chemins de fer.

1° Facture (T) de la compagnie des chemins de fer;

2° Relevé des kilomètres parcourus, vérifié et certifié par le sous-intendant militaire;

3° Bon de chemin de fer revêtu du certificat d'arrivée à destination pour les corps et détachements (1);

4° Quittance sur le mandat.

Convois par eau.

Mêmes justifications que pour les convois par terre.

Voir également : **Transports.**

216

COUR DES COMPTES

Les états des sommes à payer pour dépenses du personnel et les mémoires de travaux et fournitures sont revêtus du visa du premier président.

Le caissier de la Cour est autorisé à toucher les traitements et autres émoluments personnels.

L'arrêté de nomination du caissier par le premier président doit avoir été préalablement notifié au caissier-payeur central du Trésor.

Les états de traitement des magistrats et du greffier en chef sont certifiés par le greffier en chef et visés par le premier président.

La somme distribuée aux conseillers référendaires en exécution de l'article 64 du décret du 28 septembre 1807, à titre de préciput et récompenses, est divisée en deux parts, dont l'une est répartie chaque mois par douzième, et l'autre, tous les six mois par moitié. A l'appui du paiement sont joints : 1° État nominatif, visé par le premier président, des sommes attribuées à chacun des magistrats par le procès-verbal de répartition, indiquant le montant des retenues à exercer au profit du Trésor pour le service des pen-

(1) A défaut de bon de chemin de fer, on produit une copie de l'ordre de mouvement, certifiée par le chef du détachement.

sions civiles, ledit état revêtu de l'émargement des ayants droit; 2° procès-verbal de répartition; 3° acquit du caissier de la Cour.

Le préciput accordé aux auditeurs-rapporteurs par l'article 2 du décret du 12 décembre 1860 est distribué chaque semestre dans la même forme que les récompenses des conseillers référendaires.

Les indemnités allouées aux employés pour triage et classement de papiers sont exemptes de retenues pour le service des pensions.

Les secours sont accordés par décisions spéciales du premier président.

217

COURRIERS (A. E.)

Les frais de courriers se règlent, soit à forfait, soit d'après un tarif.

Règlement des frais de courses entre Paris et l'étranger.

A l'ordonnance d'acompte :

Récépissé des courriers.

A l'ordonnance de solde portant liquidation :

Quittance des courriers pour solde et passeports, s'il y a lieu ;

Copie de la décision ministérielle si la course est réglée à forfait ou si l'indemnité est modifiée.

Avances aux courriers à l'étranger.

États d'avances certifiés par les agents qui les ont effectuées;

Récépissé des courriers;

Quittance des agents ou de leurs fondés de pouvoirs.

Dépenses accidentelles.

Bordereaux de liquidation ;
États produits par les courriers ;
Quittance des courriers.

Indemnités de frais de séjour.

Certificat du chef de la mission ou de l'autorité qui aurait retenu les courriers ;
Quittance des courriers.

218

DÉGRÈVEMENTS SUR LES FRAIS DE TROUSSEAU ET DE PENSION DES BOURSIERS (I. P.)

Date de la décision et quittance à souche de l'économe.

219

DÉPENSES DE REMBOURSEMENT POUR PERTE DE VALEURS DÉCLARÉES, MANDATS PAYÉS SUR FAUX ACQUITS, VALEURS DONT LE RECOUVREMENT EST CONFIÉ A LA POSTE, INDEMNITÉS DUES POUR PERTE D'OBJETS RECOMMANDÉS (P. T.)

Décision ministérielle ;
Quittance de l'ayant droit.

220

DÉPENSES SECRÈTES

Le paiement de l'ordonnance est inscrit sur le carnet des

avances et est justifié par une ampliation du décret approuvant le compte de la dépense.

221

DRAINAGE (A. C.)

Encouragements.

1° Décompte des intérêts et commissions;
2° Quittance.

222

DROITS DE DOUANE ET D'OCTROI (M.)

Décompte des droits;
Quittance des receveurs des douanes et de l'octroi.

223

EAU

États (T) fournis par la ville de Paris;
Quittance à souche du receveur municipal.

Lorsqu'il s'agit d'un abonnement à forfait à la compagnie des eaux, il est produit un avis sans timbre; mais si la consommation est constatée par un compteur, il faut un mémoire timbré [1].

224

ÉCLAIRAGE (G.)

Concernant les exercices d'embarquement et de débarquement.

1° Mémoires ou factures (T) des compagnies de chemins de fer;

(1) Note de la Comptabilité publique du 20 décembre 1898.

2° Bons de fournitures établis par les corps de troupe;

3° Quittance sur le mandat.

Si la dépense est payée par le corps, quittance sur la facture.

Avances faites par les corps de troupe pour le service de l'éclairage des corps de garde, quartiers généraux, etc.

1° Relevé des avances faites;

2° Factures (T) quittancées ou quittances des créanciers réels;

3° État spécial justificatif des fournitures d'éclairage.

Voir : **Chauffage.**

225

ÉCLAIRAGE DES BUREAUX AMBULANTS (P. T.)

En outre des justifications ordinaires :

État de décompte dressé mensuellement, dûment arrêté.

226

ÉCOLES DE DESSIN (B.-A.)

Subventions aux écoles.

Décision ministérielle;

Quittance à souche du receveur municipal.

Médailles fournies par la Monnaie et données en prix.

Mémoire de la Monnaie;

Certificat de réception et de distribution.

227

ÉCOLES DES JEUNES DE LANGUES (A. E.)

Pour le prix de la pension.

États trimestriels nominatifs certifiés et visés par le directeur ou le proviseur;

Quittance de l'économe.

Pour les avances faites pour le service de l'école.

États trimestriels;

Quittance de l'administration de l'école.

228

ÉCOLES MILITAIRES

Fournitures des cibles en bois, des médailles, des prix de tir. Dépenses de gymnastique, des exercices de natation, etc.

1° Relevé des dépenses établi par les conseils d'administration, vérifié et arrêté par le sous-intendant militaire;

2° Factures (T) quittancées ou quittances des créanciers réels, revêtues du certificat d'exécution;

3° Quittances sur le mandat.

229

ÉCOLES VÉTÉRINAIRES (A. C.)

Remises et modérations sur pensions d'élèves.

1° Quittance des parties intéressées, lorsqu'il y a lieu à remboursement;

2° Récépissé à talon du trésorier-payeur général, lorsqu'il s'agit de remises et modérations;

3° Copie ou extrait de la décision ministérielle.

Produits consommés en nature dans les établissements.

1° État de liquidation de la dépense annuelle à l'appui du dernier paiement.

Cet état indiquant la nature, la quantité et le prix des produits consommés, ainsi que le nombre et l'espèce des animaux et, autant que possible, la durée de la consommation;

2° Quittance du receveur de l'enregistrement.

230

ÉLEVAGE (G.)

1° Extrait du procès-verbal établi à la fin de chaque concours et signé par tous les membres du comité, indiquant la date et le lieu du concours, les noms et qualités des membres du jury, le classement des chevaux primés, les noms et domicile du propriétaire et du naisseur, ainsi que la part de prime revenant à chacun d'eux;

2° Certificats délivrés par les dépôts de remonte acheteurs, à l'expiration des délais légaux de garantie et constatant que les achats sont devenus définitifs.

Il ne sera établi qu'un seul mandat si le vendeur et le naisseur représentent la même partie prenante. Dans le cas contraire, des mandats distincts seront établis pour le paiement de la part de prime revenant à chacun.

231

ENCOURAGEMENTS ET SECOURS (B.-A.)

1° Décision ministérielle;

2° Quittance;

3° Certificat de vie (T) et procuration (T), lorsque la partie prenante est représentée par un fondé de pouvoirs;

4° Bordereau récapitulatif approuvé par le ministre.

(Les héritiers ont droit au décompte des indemnités annuelles.)

Ordonnancements directs.

1° Décision ministérielle;

2° Quittance de l'ayant droit.

232

ENCOURAGEMENTS AUX MANUFACTURES ET AU COMMERCE (A. C.)

Publication des brevets d'invention.

1° Mémoires et factures quittancées (T) des dessinateurs, imprimeurs, graveurs, marchands de papiers, etc.;

2° Décompte général de la dépense, présentant les sommes payées, la situation de la publication et le nombre d'exemplaires imprimés;

3° Certificat de réception délivré par un agent responsable.

Encouragements divers.

1° Copie ou extrait de la décision ministérielle à l'appui du mandat;

2° Quittance.

Pensions d'élèves à la charge de l'État.

État nominatif (T) des élèves subventionnés, certifié et quittancé par le chef de l'institution ou de l'établissement et arrêté par le ministre.

Médailles et jetons de présence.

1° Facture de la Monnaie des médailles, mémoires (T) des graveurs et autres;

2° Certificats de livraison et de prise en charge avec l'indication de la destination, ou certificat de distribution si celle-ci est faite au moment de l'ordonnancement.

233

ENCOURAGEMENTS AUX SAVANTS ET GENS DE LETTRES (I. P.)

Encouragements éventuels.

Date de la décision et quittance de la partie prenante.

Secours.

Date de la décision et quittance de la personne secourue.

Subventions.

Date de la décision et quittance de la partie prenante.

234

ENTRETIEN DES BATIMENTS CIVILS (B.-A.)

Honoraires aux architectes et vérificateurs.

1° État de liquidation;

2° Mémoire (T);

3° Quittance.

Travaux exécutés à prix de règlement.

1° Mémoire (T) dûment réglé par l'architecte;

2° Quittance;

3° Dans le cas où le règlement doit être basé sur une série de prix, copie ou exemplaire de ladite série.

235

ENTRETIEN DES HORLOGES ET PENDULES DES BUREAUX DES POSTES ET TÉLÉGRAPHES DE PARIS

Copie (T) des conventions qui ont fixé les abonnements et des cahiers des charges;

Quittance des ayants droit.

236

ENTRETIEN DES VOITURES DES POSTES ET TÉLÉGRAPHES

État de décompte des distances parcourues, approuvé par l'administration.

237

ÉTABLISSEMENTS DE L'ARTILLERIE (G)

Constructions, réparations et entretien des batteries de côtes.

Factures (T) détaillées ou états de paiements acquittés par les parties prenantes et certifiés par les chefs d'établissement.

Avances spéciales de 50,000 francs faites aux agents spéciaux des établissements pour le paiement des salaires.

Première quinzaine.

1° Décompte, établi par l'agent spécial et par chapitre, du

nombre d'heures ou de journées payées aux ouvriers. Ce décompte est certifié par le conseil d'administration de l'établissement;

Deuxième quinzaine.

1° Décompte établi par l'agent spécial et par chapitre indiquant le nombre total d'heures et de journées payées pendant le mois;

2° État nominatif émargé par les ouvriers et comprenant l'intégralité des salaires.

Cet état est mis à l'appui d'un des mandats de la seconde quinzaine.

Une référence est mise sur les autres mandats;

3° Quittance sur le mandat.

Entretien des armes dans les établissements.

1° Copies ou extraits certifiés d'états spéciaux, approuvés par le ministre, indiquant les achats faits, le nombre de journées employées, le nombre et l'espèce d'armes remises en état;

2° États émargés et factures (T) quittancées ou quittances des créanciers réels.

Réparations d'armes dans les établissements.

1° Copies ou extraits certifiés des devis des réparations à faire, approuvés par le ministre;

2° États spéciaux relatant les achats faits et le nombre de journées employées, le nombre et les espèces d'armes réparées, avec mention de l'approbation ministérielle;

3° États émargés et factures (T) quittancées ou quittances des créanciers réels.

Entretien des armes dans les corps.

1° Bordereau énumératif des pièces produites, certifié par

le conseil d'administration ou le commandant du corps, vérifié et arrêté par le sous-intendant militaire;

2° Procès-verbaux, factures (T), mémoires (T) et quittances destinés à justifier les dépenses comprises dans ledit compte;

3° Quittance sur le mandat.

Salaires des conservateurs des hypothèques relatifs aux acquisitions d'immeubles nécessitant des travaux de construction et de terrassement.

État des salaires dus pour transcriptions, certificats d'inscription ou de non-inscription, etc.

Cet état est arrêté par le conservateur et non soumis au timbre.

238

ÉTABLISSEMENTS DU GÉNIE

Frais d'insertion dans les journaux, d'avis de jugements, etc., se rapportant aux acquisitions d'immeubles.

1° Facture (T) de l'administration ou du propriétaire du journal revêtue du certificat d'exécution;

2° Quittance sur le mandat.

Honoraires, salaires divers, etc.

1° Mémoire (T);

2° Quittance sur le mandat.

Salaires aux conservateurs des hypothèques.

1° État des salaires établi et certifié par le conservateur des hypothèques, donnant le nom des vendeurs et le détail des actes transcrits et des certificats délivrés;

2° Quittance sur le mandat.

Indemnités pour dommages.

1° Décision ministérielle fixant l'indemnité;
2° Quittance sur le mandat.

Indemnités aux ouvriers réquisitionnés pour l'exécution de travaux militaires.

1° État portant règlement d'administration publique pour l'exécution de la loi sur les réquisitions militaires;
2° Émargement pour quittance sur ledit état;
3° Quittance du receveur municipal sur le mandat et quittance extraite d'un registre à souche.

239

ÉTABLISSEMENTS ET SERVICES SANITAIRES (A. C.)

Traitements, frais de bureau, loyers, etc.

1° États émargés, certifiés et visés;
2° Mémoires (T) ou factures (T) quittancées des fournitures ou autres;
3° Copies ou extraits (T) des baux, ou décision approbative du ministre en cas de location verbale.

Salaires.

1° États collectifs émargés ou quittances individuelles, le tout revêtu du sceau de l'administration sanitaire;
2° Bon à payer délivré et signé par le président semainier.

Dépenses éventuelles.

Factures ou mémoires (T) quittancés avec les mêmes formalités que dessus de « bon à payer » et d'application du sceau.

Frais accessoires d'acquisitions d'immeubles.

État (T) des honoraires du notaire ou état (T) des frais et vacations de l'officier ministériel, taxé par qui de droit;

Quittance sur l'avis d'ordonnance ou sur le mandat.

Indemnités pour occupation temporaire ou pour dommages.

Réglées à l'amiable :

1° Certificat de l'architecte ou de tout autre chef de service;

2° Procès-verbal d'expertise ou rapport évaluatif;

3° Arrêté du préfet, homologué par décision ministérielle ou s'y référant;

4° Quittance sur le mandat.

Réglées après contestation :

1° Certificat de l'architecte ou de tout autre chef de service;

2° Extrait de la décision du conseil de préfecture ou du décret rendu en appel;

3° Quittance sur le mandat.

Salaires d'experts [1].

État (T) des journées de travail de l'expert ou des experts.

Cet état indicatif du prix fixé pour chaque journée de travail est réglé par l'architecte, arrêté par le préfet et quittancé par la partie prenante. Il est exempt du timbre, si l'expert est un agent de l'administration [1].

---

(1) Une injonction de la Cour des comptes (Arrêts des 30 décembre 1899 et 19 janvier 1900) demande l'apposition d'un timbre de dimension sur un état de vacations présenté par un expert attaché au Ministère de la guerre, pour expertise au Ministère des colonies.

Mesures contre les épidémies et secours.

Pour les fournitures, indemnités et frais de publication :

État (T), mémoires (T) quittancés des médecins, pharmaciens ou autres agents, énonçant le motif de la dépense et arrêtés par le préfet.

Pour les récompenses :

1° Copie ou extrait de la décision ministérielle;

2° Quittance.

240

ÉTABLISSEMENTS THERMAUX (A. C.)

Subventions aux compagnies.

1° Copie ou extrait de la décision du ministre;

2° Bordereau récapitulatif de la dépense et pièces (T) justificatives quittancées;

3° Quittance du trésorier ou receveur de l'établissement subventionné.

241

ÉTRENNES ET DONATIVES (A. E.)

État certifié par l'agent ou déclaration motivée.

242

EXPOSITION DES ŒUVRES DES ARTISTES VIVANTS

Acquisitions de tableaux, statues et divers ouvrages d'art exposés.

1° Décision ministérielle;

2° Certificat de livraison;

3° Quittance de l'artiste.

Prix des médailles aux lauréats.

1° Mémoire de la Monnaie;
2° Certificat de réception et de distribution.

Honoraires des architectes et des vérificateurs.

1° Décompte (T);
2° État de liquidation ;
3° Quittances.

243

FACULTÉS (I. P.)

Les professeurs des facultés, députés, jouissent du traitement éventuel, et la retenue de 5 p. 100 est exercée sur le total (fixe et éventuel).

Le suppléé verse la retenue sur son traitement entier; le suppléant sur ce qu'il touche.

Droits de présence.

État émargé indiquant le nombre des examens et thèses et la somme due à chaque professeur d'après le nombre de ses présences.

Minimum des droits de présence des professeurs de médecine et de pharmacie.

État de répartition émargé.

Complément des droits de présence des professeurs.

État émargé, indiquant la somme totale acquise aux professeurs, d'après le nombre des examens et thèses de l'année; la somme qu'ils ont reçue à titre de minimum, et celle qui reste due pour complément.

Droits de présence des agrégés.

État émargé indiquant la somme due à chacun des agrégés d'après le nombre des examens et thèses auxquels il a assisté.

Frais de concours pour l'agrégation.

Droits de présence :

État nominatif émargé pour quittance, certifié par le président du jury et visé par le ministre, indiquant le nombre des séances auxquelles chacun a assisté et la somme due.

Remises sur les droits d'inscriptions, d'examens et de diplômes.

Droits remis avant l'accomplissement des actes :

État trimestriel dûment émargé par les titulaires des remises et certifié par le recteur et le doyen, énonçant la date des décisions, la nature des actes accomplis, leur date et la quotité des droits remis.

Droits remis après l'accomplissement des actes :

1° Certificat du secrétaire agent comptable énonçant : la date, l'objet et le montant de la consignation; la date à laquelle la somme consignée est devenue droit définitivement acquis au Trésor ; la date de la décision ministérielle;

2° Quittance de l'ayant droit sur la lettre d'avis.

244

FERMES-ÉCOLES (A. C.)

1° État de paiement certifié par le directeur et approuvé par le ministre ;

2° Quittance.

245

FÊTE NATIONALE (B.-A.)

Honoraires aux architectes et aux vérificateurs.

1° Décompte ou mémoire (T);
2° Quittance.

Médailles données en prix.

1° Mémoire de la Monnaie;
2° Certificat de réception et de distribution;
3° Quittance.

Indemnités pour représentations gratuites.

1° Décision ministérielle;
2° Quittance du directeur;

Et, en cas de collation aux élèves des écoles : facture (T) du directeur du théâtre.

Une note de la Comptabilité publique du 8 novembre 1880 estime qu'un arrêté préfectoral ne semble pas devoir être exigé pour les indemnités allouées à divers agents par le préfet de la Seine à l'occasion de la fête du 14 juillet.

246

FÊTES ET CÉRÉMONIES A L'ÉTRANGER (A. E.)

État spécial appuyé des pièces justificatives analogues à chaque espèce de dépense, lorsque la totalité des frais n'a pas été autorisée à forfait par le ministère;

Copie certifiée de la décision du ministre.

247

FOURNITURES

EXÉCUTÉES EN VERTU D'ADJUDICATIONS PUBLIQUES OU DE MARCHÉS DE GRÉ A GRÉ

Paiement unique et intégral.

1° Procès-verbal d'adjudication ou marché de gré à gré (T), dûment approuvé et enregistré;

2° Cahier des charges (T);

NOTA. — Si le cahier des charges est un document administratif d'une application générale et ne constitue pas une annexe spéciale du marché, l'original est exempté du timbre.

3° Devis ou soumission (T), contenant l'indication des fournitures et des prix, lorsque ces détails ne résultent ni du procès-verbal d'adjudication ou du marché, ni du cahier des charges;

4° Certificat constatant la réalisation du cautionnement ou la dispense qui en a été donnée (1);

5° Facture (T) ou mémoire (T), dûment certifié et arrêté, contenant le détail des fournitures en quantités, les prix d'unités, la date des livraisons et la somme à payer;

6° Certificat constatant l'exécution des services dans les délais et suivant les conditions stipulés, faisant connaître (s'il y a lieu) la date des ordres de livraison et, de plus, mentionnant la prise en charge par qui de droit des fournitures, ou le numéro d'inscription sur l'inventaire ou le catalogue des objets qui en sont susceptibles;

(1) Les sociétés ouvrières sont dispensées de cautionnement lorsque le montant des travaux adjugés ne dépasse pas 50,000 fr. (Décret du 4 juin 1888. — Circulaires de la Comptabilité publique des 7 juin 1889 et 29 mai 1891.)

7° *En cas d'exonération ou de réduction des retenues encourues pour retard dans les livraisons :*

Décision qui a prononcé cette exonération ou cette réduction;

8° Quittance de l'ayant droit;

9° *En cas de traité de gré à gré pour les fournitures au-dessus de 20,000 fr., ou de 5,000 fr. par an si elles embrassent plusieurs années:*

Certificat de l'ordonnateur relatant l'une des exceptions spécifiées par l'article 18 du décret du 18 novembre 1882 et, pour le cas prévu par le paragraphe 2 dudit article, l'autorisation du Président de la République.

Nota. — 1° Lorsque les fournitures résultant d'une même adjudication ou d'un même marché sont scindées, mais que chaque livraison fait l'objet d'une liquidation distincte et complète, dont le montant est ordonnancé intégralement, on produit à l'appui du premier paiement, toutes les justifications indiquées ci-dessus ; pour les paiements suivants, les justifications nos 5, 6, 7 (s'il y a lieu) et 8 sont seules produites, et il suffit de rappeler le numéro, la date et les références budgétaires et d'exercice de l'ordonnance ou du mandat à l'appui duquel les justifications nos 1, 2, 3, 4 et 9 (s'il y a lieu) ont été produites antérieurement, ainsi que la date et le lieu de paiement.

Chaque facture ou mémoire doit rappeler la situation de l'entrepreneur quant aux quantités qu'il était tenu de fournir aux termes de son marché.

2° En cas de traité à forfait, il n'est pas nécessaire que le mémoire contienne le décompte détaillé en quantités et deniers, qui ne serait que la reproduction textuelle du devis ou du cahier des charges.

Paiements fractionnés.

Premier acompte :

1° Extrait certifié du procès-verbal d'adjudication ou du marché, mentionnant l'approbation et l'enregistrement;

2° Extrait du cahier des charges faisant connaître le montant du cautionnement et les conditions du paiement;

3° Certificat constatant la réalisation du cautionnement ou la dispense qui en a été donnée;

4° Décompte [1] portant liquidation des fournitures effec-

---

(1) Si le décompte est revêtu de l'approbation ou de la signature de l'adjudicataire, il constitue un mémoire et doit être timbré.

tuées, indiquant la somme à ordonnancer et (s'il y a lieu) la somme retenue;

5° Quittance de l'ayant droit;

6° *En cas de traité de gré à gré pour les fournitures au-dessus de 20,000 fr., ou de 5,000 fr. par an si elles embrassent plusieurs années :*

Certificat de l'ordonnateur relatant l'une des exceptions spécifiées par l'article 18 du décret du 18 novembre 1882 et, pour le cas prévu par le paragraphe 2 dudit article, l'autorisation du Président de la République.

Acomptes subséquents :

1° Décompte portant liquidation des fournitures effectuées, indiquant, s'il y a lieu, la somme retenue, le détail des acomptes payés, les dates et numéros des ordonnances ou mandats en vertu desquels ces paiements ont été faits, le montant et le numéro d'ordre de l'acompte à ordonnancer;

2° Quittance de l'ayant droit;

3° *Dans le cas où le solde serait payé par une autre caisse que celle qui a payé les acomptes :*

Certificat (à rattacher au dernier mandat d'acompte) indiquant le numéro, la date et les références budgétaires et d'exercice de l'ordonnance ou du mandat auquel se trouvent jointes les pièces justificatives de la dépense, le lieu de paiement et le compte à l'appui duquel ces pièces doivent être produites;

4° *Dans le cas où les premiers paiements auraient été effectués par une autre caisse que celle chargée d'acquitter un nouvel acompte ou le solde :*

Bulletin indiquant les paiements antérieurs et certificat de non-opposition délivré par le comptable désigné audit bulletin.

Paiement pour solde :

1° Procès-verbal d'adjudication ou marché de gré à gré (T), dûment approuvé et enregistré;

2° Cahier des charges (T);

Nota. — Si le cahier des charges est un document administratif d'une application générale et ne constitue pas une annexe spéciale du marché, l'original est exempté de timbre.

3° Devis ou soumission (T) contenant l'indication des fournitures et des prix, lorsque ces détails ne résultent ni du procès-verbal d'adjudication ou marché, ni du cahier des charges;

4° Facture (T) ou mémoire (T), dûment vérifié et arrêté, contenant le détail en quantités, les prix d'unités et le montant total des fournitures, ainsi que la date des livraisons;

5° Décompte relatant les acomptes payés, les dates et numéros des ordonnances ou mandats antérieurs, et la somme à payer;

6° Certificat constatant l'exécution du service dans les délais et suivant les conditions stipulés, faisant connaître (s'il y a lieu) la date des ordres de livraison et, de plus, mentionnant la prise en charge par qui de droit des fournitures, ou le numéro d'inscription sur l'inventaire ou le catalogue des objets qui en sont susceptibles;

7° *En cas d'exonération ou de réduction des retenues encourues pour retard dans les livraisons :*

Décision qui a prononcé cette exonération ou cette réduction;

8° Quittance de l'ayant droit;

9° *En cas d'exécution d'une même fourniture en plusieurs années à l'appui du paiement de solde :*

Décompte général de l'entreprise, détaillé et dûment certifié.

Nota. — Lorsque les adjudications ou marchés sont passés pour plusieurs années et que les décomptes se soldent par exercice, on produit à l'appui du paiement de solde du premier exercice toutes les justifications indiquées ci-dessus; pour le paiement de solde de chacun des exercices ultérieurs, les justifications nos 4, 5, 6, 7 (s'il y a lieu) et 8 sont seules produites, et il suffit de rappeler le numéro, la date et les références budgétaires et d'exercice de l'ordonnance ou du mandat à l'appui duquel les justifications nos 1, 2 et 3 ont été produites, ainsi que la date et le lieu de paiement.

FOURNITURES EXÉCUTÉES SUR SIMPLE MÉMOIRE

LORSQUE LA DÉPENSE N'EXCÈDE PAS 1,500 FRANCS

1° Facture (T) ou mémoire (T), dûment vérifié et arrêté, contenant le détail des fournitures en quantités, les prix d'unité, la date de la livraison et la somme à payer ;

2° Certificat constatant la prise en charge des fournitures ou indiquant le numéro d'inscription sur l'inventaire ou le catalogue des objets qui en sont susceptibles ;

3° Quittance de l'ayant droit.

NOTA. — Lorsqu'il est payé un ou plusieurs acomptes sur le montant d'un mémoire, les pièces justificatives doivent être fournies à l'appui du paiement du premier acompte. On s'y réfère pour les paiements suivants.

248

FOURRAGES (G.)

Le mode de justification des dépenses du service des fourrages est le même que celui des dépenses du service des vivres.

Frais de nourriture de chevaux de remonte en route et de petits détachements non commandés par un officier, à l'aide de mandats d'étapes ou de bons partiels.

1° Facture (T) du fournisseur, certifiée pour exécution du service par le maire de la commune;

2° Déclaration du maire attestant que les prix portés sur la facture sont ceux habituels de la localité;

3° Talon du mandat du Trésor.

249

FRAIS DE BUREAU
ÉTABLISSEMENT ET FRAIS DE CHANCELLERIE (A. E.)

Mémoires quittancés des fournisseurs, ouvriers et entrepreneurs, ou, à défaut, déclaration motivée de l'agent.

S'il y a lieu :

Certificat d'inscription à l'inventaire du mobilier du poste.

Pour les loyers des locaux où sont installées les chancelleries : quittance du propriétaire légalisée par l'agent; extrait de l'autorisation ministérielle à l'appui du premier paiement.

Les installations de mâts de pavillons, les réparations d'écussons sont à la charge des agents consulaires [1].

250

FRAIS DE CORRESPONDANCE POSTALE ET TÉLÉGRAPHIQUE, MESSAGERS, ETC. (A. E.)

Remboursement d'étrennes aux facteurs.

Déclaration de l'agent.

Frais de correspondance par voie télégraphique.

Bordereau quittancé des directeurs des stations télégraphiques ou, à défaut, compte détaillé certifié par l'agent.

Taxes d'affranchissement des lettres adressées aux agents à l'extérieur.

États mensuels produits par l'administration des postes;

(1) Décret du 20 décembre 1890. — Injonction de la Cour des comptes, gestion 1895, 2e partie.

Quittance du chef du bureau de la caisse de l'administration des postes.

Taxes des dépêches télégraphiques adressées aux agents à l'extérieur.

Etats produits par la direction des télégraphes.

Il y a lieu d'indiquer le nom et la qualité des destinataires, à l'effet de justifier que les dépêches ont été expédiées pour les besoins du service.

Frais de courriers, de messages, de guides et d'escortes. Frais de bateaux, voitures, chevaux, etc.

Quittances des parties prenantes et, à défaut, déclaration motivée de l'agent.

Pour les indemnités à forfait : copie certifiée de la décision ministérielle qui les concède, et, si l'indemnité est allouée à un agent autre que le chef de la mission, quittance de cet agent.

Pour les gages des bateliers et des palefreniers : quittances des parties prenantes.

251

FRAIS DE CULTES. — SECOURS AUX ÉVÊQUES, ÉTABLISSEMENTS RELIGIEUX, ETC.

Quittance des parties prenantes ou déclaration motivée de l'agent.

Pour les dépenses périodiques : copie certifiée de la décision ministérielle qui les autorise.

Pour les allocations périodiques et les subventions dépassant la proportion d'une légère offrande : copie certifiée de la décision ministérielle qui les concède;

Quittances des parties prenantes ou déclaration motivée de l'agent.

Pour les secours et simples offrandes : déclaration de l'agent.

Lorsque les allocations et subventions sont payées directement à Paris :

Copie certifiée de la décision ministérielle ;

Quittance de la partie prenante ou de son fondé de pouvoirs.

252

FRAIS D'ÉTABLISSEMENT DES AGENTS DIPLOMATIQUES ET CONSULAIRES

Les frais d'établissement sont fixés d'après le traitement, savoir :

Au 1/3 des premiers 60,000 fr. ;

Au 1/3 des 4/5 des seconds 60,000 fr. ;

Au 1/3 des 3/5 des troisièmes 60,000 fr. ;

Au 1/3 des 2/5 des quatrièmes 60,000 fr. ;

Au 1/3 du 1/5 de la portion excédant 240,000 fr.

L'indemnité est réduite du 1/5 lorsque l'agent habite un immeuble appartenant à l'État et pourvu de mobilier.

A produire :

Ordonnances individuelles portant décompte, s'il y a lieu.

A l'appui des ordonnances de seconds frais d'établissement :

Ampliation du décret qui les concède ;

Quittance des agents ou de leurs fondés de pouvoirs.

253

FRAIS DE FUNÉRAILLES

Les dépenses ne peuvent être à la charge de l'Etat que si elles sont autorisées par une loi votée sur la proposition du Gouvernement.

Une note de la Direction générale de la comptabilité publique du 5 novembre 1887 approuve le refus de paiement par la caisse centrale du Trésor public, même sur réquisition, des frais de funérailles d'un chef de division du ministère des travaux publics.

Par exception, les frais de funérailles d'un agent diplomatique décédé à l'étranger dans l'exercice de ses fonctions peuvent être remboursés sur simple ordonnancement du ministère des affaires étrangères au chapitre des missions, dépenses extraordinaires et dépenses imprévues (1).

254

FRAIS D'INSERTIONS D'ANNONCES, ETC. (M.)

1° Factures (T) des parties intéressées revêtues d'un arrêté administratif et portant certification de l'accomplissement du service;

2° Quittance.

255

FRAIS D'INSPECTION, DE TOURNÉES OU DE MISSIONS (I. P)

1° Remboursement des frais de transport sur un état de dépenses réelles;

(1) Note de la Comptabilité publique du 23 mai 1889.

2° Indemnité par jours d'absence : 25 fr. aux inspecteurs généraux ou fonctionnaires chargés d'une mission extraordinaire ou d'une inspection générale; 15 fr. aux recteurs et déléguées générales; 10 fr. aux déléguées spéciales et aux recteurs d'académie.

Fournir un état indiquant : 1° l'itinéraire détaillé; 2° les jours d'absence; 3° les distances parcourues; 4° la dépense réelle des frais de transport.

256

FRAIS JUDICIAIRES

1° État de frais (T) dûment taxé par le juge;
2° Décision du ministre;
3° Quittance de l'ayant droit.

Honoraires.

1° Décision du ministre;
2° Quittance de l'ayant droit.

257

FRAIS JUDICIAIRES (P. T.)

Frais par suite de condamnation.

1° État de frais (T) dûment taxé ou exécutoire de dépens (T);
2° Jugement (T) intervenu;
3° Procès-verbal de carence en cas d'insolvabilité des parties;
4° Quittance des ayants droit.

Frais relatifs à la résiliation des baux.

1° Mémoires (T) dûment vérifiés et arrêtés ;
2° Quittances des ayants droit.

Honoraires des avocats et avoués.

1° Décisions ministérielles fixant les honoraires d'avoué et d'avocat ;
2° Quittances des ayants droit.

258

FRAIS DE JUSTICE DANS LES RÉSIDENCES D'ORIENT ET D'EXTRÊME-ORIENT (A. E.)

Bordereau spécial dressé et certifié par le drogman-chancelier ou par un des drogmans du poste.

Pour les frais de nourriture des détenus.

Quittance du directeur de la prison ou déclaration de l'agent.

259

FRAIS DE JUSTICE MILITAIRE (G.)

Indemnités judiciaires.

1° Etats nominatifs certifiés par le commissaire du Gouvernement, indiquant la durée du service fait ;
2° Quittance sur le mandat.

Gratifications au personnel inférieur, indemnités, gages des garçons de bureau, etc.

1° Etats d'émargement établis par le greffier du tribunal ;
2° Quittance sur le mandat donné par cet employé militaire.

Indemnité de chauffage et d'éclairage.

1° État établi, à terme échu, par les soins de l'officier d'administration greffier, certifié par le chef de service et vérifié par le sous-intendant militaire ;

2° Procès-verbal fixant le nombre des feux à entretenir et la consommation annuelle du combustible, à l'appui du premier mandat;

3° Quittance sur le mandat.

Frais de port de lettres et de paquets.

1° État mensuel de dépenses dressé par les soins du greffier, appuyé autant que possible des quittances des créanciers réels ;

2° Quittance sur le mandat.

Avances faites par les greffiers des conseils de guerre pour l'obtention des extraits n° 2 du casier judiciaire des inculpés militaires.

1° État nominatif des militaires pour lesquels ont été demandés des extraits n° 2 du casier judiciaire ;

2° Quittance sur le mandat.

Frais de constatation des antécédents judiciaires des jeunes soldats des classes.

1° Mémoire (T) certifié par le commandant de recrutement ;

2° Quittance sur le mandat.

Frais de bureau alloués aux greffiers des tribunaux militaires.

1° État nominatif établi par le greffier, visé par le chef de service ;

2° Quittance sur le mandat.

Frais d'impression de jugements en placards, frais de reliure.

1° Facture (T) certifiée par les présidents et rapporteurs des conseils de guerre et revêtue de la prise en charge des imprimés ou de l'exécution du service;

2° Quittance sur le mandat.

Remboursement aux receveurs de l'enregistrement et des domaines, des frais de procédure devant les conseils de guerre et de revision, taxe des témoins, etc.

1° Bordereaux des frais avancés, certifiés par les présidents et rapporteurs des conseils de guerre et accompagnés des mandats émis et des états rendus exécutoires par ces fonctionnaires, des cédules portant taxe et revêtus de la quittance des parties prenantes; si celles-ci ne savent pas signer, mention en est faite sur la taxe par le président ou le rapporteur du conseil et vaut quittance;

2° Quittance sur le mandat.

Frais d'arrestation de déserteurs, de jeunes soldats insoumis, etc.

1° Copie certifiée du procès d'arrestation donnant droit à la gratification;

2° État nominatif des capteurs et des prévenus ou évadés, vérifié et certifié soit par les conseils d'administration des compagnies de gendarmerie, soit par les préfets, lorsqu'il s'agit d'agents civils ou de personnes étrangères à la gendarmerie, soit par le conseil d'administration du corps lorsque c'est un militaire qui a opéré l'arrestation [1];

3° Quittance donnée soit par les conseils d'administration, soit par les capteurs ne faisant pas partie de l'armée.

---

(1) Lorsque les capteurs ne sont ni militaires ni agents civils, l'état nominatif doit porter le timbre de dimension.

Frais de location de voitures mises à la disposition des commissions, frais d'achat de papier, d'imprimés, etc.

Factures (T) quittancées ou quittances des créanciers réels vérifiées et arrêtées par le président de la commission.

Indemnités réglées en conciliation, devant le juge de paix.

1° Extrait des minutes du greffe de la justice de paix;

2° Acte (T) de désistement du propriétaire par lequel il déclare renoncer à toute action contre l'administration;

3° Quittance sur le mandat.

Paiements effectués par les corps de troupe pour les dégâts causés aux propriétaires pendant les manœuvres de garnison.

1° Relevé des dépenses arrêté par le conseil d'administration du corps et vérifié par le sous-intendant militaire;

2° Quittances des sommes payées aux propriétaires.

Indemnités pour réparations civiles, indemnités aux ouvriers blessés dans les travaux, etc.

1° Extrait de la décision ministérielle qui alloue l'indemnité.

En cas de jugement : produire en outre l'extrait du jugement qui fixe définitivement la somme à payer par l'administration de la guerre.

Nota. — Lorsque l'indemnité est calculée d'après des données rigoureuses, il y a lieu de produire un décompte.

260

FRAIS DE JUSTICE MILITAIRE (M.)

Indemnités aux témoins.

Bordereaux des frais avancés, dûment certifiés et accompagnés des cédules portant taxe, et revêtus de la quittance des parties prenantes; si celles-ci ne savent pas signer, mention en est faite sur la taxe par le président ou le rapporteur du conseil et vaut quittance.

261

FRAIS DE MISSIONS, VOYAGES, ETC.

Une note du ministère de l'agriculture du 5 août 1872 fait connaître que le détail des dépenses relatives aux frais de nourriture, d'hôtel, etc., des agriculteurs chargés de la visite des exploitations agricoles pour la prime d'honneur ne peut être produit.

Les certificats de vie exigés par le règlement de l'instruction publique pour le paiement des sommes dues aux voyageurs naturalistes en missions, lorsque ces sommes sont payées à des mandataires, peuvent être remplacés par des déclarations du directeur du Muséum (1).

262

FRAIS DE NOURRITURE, DE PASSAGE ET DE VOYAGE A DES ARTISTES EN MISSION (B.-A.)

Frais de nourriture et de passage.

1° État des frais;
2° État des rations de vivres.

Frais de voyage.

1° Décision ministérielle;
2° Quittance de l'ayant droit.

Quelquefois l'artiste en mission reçoit une indemnité en

(1) Note de la Comptabilité publique du 19 juillet 1876.

pays étranger. Le banquier dont l'intervention a été employée est remboursé par le Trésor du capital versé et des droits de commission, sur la production de :

1° Mémoire (T) comprenant la somme payée, ainsi que les intérêts et la commission ;

2° Reçu de l'artiste en mission.

263

FRAIS DE PASSAGE ET DE TRANSPORT MARITIMES (I. P.)

Frais de passage.

1° Décompte ou état (T) certifié et visé du nombre des passagers, avec l'indication des classes auxquelles ils avaient droit ;

2° Ordres d'embarquement indiquant le lieu du départ et la destination ;

3° Quittance.

Frais de transport.

Décompte des frais et des rations, arrêté et certifié par les agents de la marine, et visé.

264

FRAIS DE PASSAGE ET DE TRANSPORT DE COLIS PAR LES COMPAGNIES MARITIMES (A. E.)

1° Bordereau de liquidation ;

2° Facture (T) ;

3° Ordres d'embarquement ;

4° Quittance.

265

FRAIS DE PASSAGE ET DE RAPATRIEMENT (M.)

A bord des paquebots à vapeur et à bord des bâtiments ordinaires de commerce.

En cas de rapatriement de marins, réquisition des autorités qui pourvoient au rapatriement.

266

FRAIS DE PILOTAGE (M.)

1° Décompte du service fait et certificat de pilotage;
2° Quittance.

267

FRAIS DE RAPATRIEMENT (A. E.)

Indigents embarqués à la charge du Ministère de l'intérieur.

Bordereau de liquidation appuyé de l'état de réclamation produit soit par le département de la marine, soit par les compagnies de paquebots, soit par l'armateur du navire sur lequel l'indigent a été embarqué;
Réquisition d'embarquement délivrée par l'agent;
Certificat de débarquement.

Personnes indigentes rapatriées à une classe autre que la dernière.

Bordereau de liquidation, appuyé des pièces justificatives du rapatriement ou, à défaut, de la déclaration de l'agent.

Si le rapatriement a lieu par voie de mer : ordre d'embarquement émanant de l'agent.

Sauf dans les cas d'urgence, copie de la décision du ministre qui autorise le rapatriement.

268

FRAIS DE SERVICE (A. E.)

États certifiés par les agents et revêtus autant que possible du sceau de la mission ;

Bordereaux de liquidation.

En cas d'ordonnance collective : production d'un état nominatif.

Pour les dépenses extraréglementaires, copie certifiée de la décision ministérielle ;

Quittance des ayants droit ou de leurs fondés de pouvoirs.

269

FRAIS DE SURVEILLANCE DES SOCIÉTÉS ET ÉTABLISSEMENTS DIVERS (A. C.)

Personnel.

1° État collectif émargé, certifié et arrêté ;

2° Quittance du caissier du ministère sur la lettre d'avis.

270

FRAIS DE TRANSPORT, PAR PAQUEBOTS, DE COLIS RENFERMANT DES OBJETS DESTINÉS AUX RÉSIDENCES POLITIQUES ET CONSULAIRES

Bordereau de liquidation ;

État et facture (T) certifiés par les administrateurs de la compagnie ou par leur délégué ;

Réquisition d'embarquement émanant d'un agent des affaires étrangères;

Reçu du destinataire;

Quittance.

271

FRAIS EXTRAORDINAIRES POUR LE TRANSPORT DES DÉPÊCHES (P. T.)

En dehors des marchés.

Mémoire (T) dûment approuvé;

Quittance de l'ayant droit.

Indemnités aux entrepreneurs pour résiliation de marché.

Décision ministérielle qui fixe l'indemnité;

Quittance de l'ayant droit.

Indemnité pour surcharge de poids ou déviation de la route ordinaire.

État dressé par le receveur, visé par le directeur de l'exploitation, et approuvé par décision ministérielle;

Quittance de l'ayant droit.

Dépêches provenant des paquebots.

Décision ministérielle qui règle le prix des transports par trains spéciaux;

Mémoire (T) portant l'approbation ministérielle;

Quittance de l'ayant droit.

Transbordement des dépêches.

États de frais dûment visés, appuyés (s'il y a lieu) des factures, quittances, etc. ;

Quittances des ayants droit.

Expédition des dépêches au port d'arrivée en cas de relâche des paquebots par suite de mauvais temps.

États de frais dûment fixés, appuyés (s'il y a lieu) des factures, quittances, etc. ;

Quittances des ayants droit.

Transports provenant de paquebots en dehors des services réguliers.

État de frais (T) visé par le commissaire du Gouvernement et portant l'approbation du ministre, appuyé (s'il y a lieu) de factures, quittances, etc.;

Quittance de l'ayant droit.

272

FRAIS DE VOYAGE (A. E.)

Les frais de voyage alloués aux agents du département des affaires étrangères sont tarifés, selon le grade.

A produire :

Ordonnances individuelles ou collectives énonçant la nature du voyage, les divers modes de parcours, les distances parcourues, le taux des allocations myriamétriques ;

En cas d'ordonnances collectives, états nominatifs approuvés par le ministre.

Si l'agent n'est pas un de ceux qui figurent au tarif : copie de la décision ministérielle qui fixe le taux par myriamètre d'après lequel les frais de voyage ont été réglés ;

Quittance des ayants droit ou de leurs fondés de pouvoirs.

273

GAGES DES CONCIERGES ET AUTRES GENS DE SERVICE A L'ÉTRANGER (A. E.)

Quittances des parties prenantes ou déclaration motivée de l'agent.

274

GARANTIES D'INTÉRÊTS AUX COMPAGNIES DE CHEMIN DE FER (T. P.)

Copie ou extrait de la décision ministérielle fixant la somme à payer.

275

GARDE RÉPUBLICAINE

Solde et accessoires.

Mêmes justifications que pour la gendarmerie.

276

GENDARMERIE

Solde et allocations accessoires des officiers, sous-officiers, brigadiers et gendarmes.

États de solde dressés à terme échu, par mois, en ce qui concerne les compagnies départementales, la légion d'Afrique et les officiers des corps organisés régimentairement, et par quinzaine, pour les hommes de troupe organisés régimentairement. Ces divers états mentionnent les décisions qui auraient concédé des allocations en dehors des tarifs; ils doivent être certifiés par les conseils d'administration ou les commandants de détachement, vérifiés et arrêtés par les sous-intendants militaires, et quittancés par les conseils d'administration ou par les commandants de détachement.

277

GRATIFICATIONS DE RÉFORME PERMANENTES ET RENOUVELABLES

Premier paiement.

1° Extrait de la décision ministérielle qui a concédé la gratification;

2° Certificat de vie du titulaire;

3° Quittance de l'ayant droit.

Paiements subséquents.

1° Indication du mandat auquel a été jointe la décision qui a accordé la gratification;

2° Certificat de vie du titulaire;

3° Quittance de l'ayant droit.

Voir : **Indemnités.**

278

HABILLEMENT ET CAMPEMENT (G.)

Primes allouées par la masse d'habillement et d'entretien.

État collectif;

Quittance sur ledit état donnée par le conseil d'administration ou par le commandant de l'unité administrative.

Secours à la masse d'habillement et d'entretien.

Décision ministérielle allouant le secours ;
Quittance du conseil d'administration sur le mandat.

Dépenses faites par les corps de troupe et remboursables par le service de l'habillement.

Remboursement de la valeur des effets rachetés pour le compte de l'État.

Factures (T) quittancées ou quittances des créanciers réels, revêtues du certificat d'exécution du service.

Remboursement de la valeur des effets confectionnés pour le compte de l'État.

Facture d'entrée décomptée au prix de la nomenclature, revêtue de la prise en charge.

Pertes ou dégradations pour cas de force majeure.

Procès-verbal portant décompte.

Lavage des effets du couchage auxiliaire.

Facture (T) quittancée ou quittance du créancier réel, revêtue du certificat d'exécution.

En cas de passation de marché : Voir **Fournitures**.

Frais de gestion et de bureau.

Etat émargé par l'intéressé.

Frais de manutention et de réparation dans l'intérieur des magasins.

Etats émargés pour paiements d'ouvriers ;
Mémoires (T) ou factures (T) revêtus du récépissé du comptable et quittancés par les créanciers réels ; lesdits états,

mémoires et factures dûment arrêtés par les sous-intendants militaires.

Dépenses d'exploitation.

Voir : **Vivres.**

Achats directs par les corps de troupe à partir du jour de la mobilisation.

Par les portions actives des corps :

Facture (T) portant quittance du créancier et déclaration de prise en charge.

Prestations faites en vertu de réquisitions.

Voir : **Vivres.**

279

HABILLEMENT, CASERNEMENT ET OBJETS DIVERS CONCERNANT LES ÉQUIPAGES

Frais de confection.

État présentant le détail des confections et le décompte des sommes acquises, appuyé de la quittance du maître-tailleur.

Tabac.

Certificat de liquidation et de prise en charge et quittance des receveurs des contributions indirectes.

Frais de transport, d'emballage et autres dépenses auxquelles il est pourvu, à titre d'avances de fonds, par les conseils d'administration.

Compte de remboursement appuyé de pièces justificatives, telles que marchés, connaissements, lettres de voiture, factures (T), états d'indemnités et autres;

Quittance des conseils d'administration.

280

HABILLEMENT, CASERNEMENT ET OBJETS DIVERS CONCERNANT LES TROUPES

Frais de transport, d'emballage, entretien des armes, écoles et gymnases régimentaires et autres dépenses auxquelles il est pourvu, à titre d'avances de fonds, par les conseils d'administration des corps.

Mêmes justifications que pour l'habillement, etc., concernant les équipages.

281

HABILLEMENT ET COIFFURE DES GENS DE SERVICE (B.-A.)

Pour l'habillement et la coiffure, l'agent comptable certifie la réception et la distribution immédiate des vêtements portés au mémoire.

282

HARAS

Frais de conduite des chevaux et autres.

1° Quittance de l'agent auquel les frais sont remboursés;

2° Bordereau appuyé des quittances des créanciers réels.

A défaut des quittances, on joint une déclaration de l'agent approuvée par le directeur et constatant l'impossibilité de les produire.

Honoraires des architectes et vérificateurs.

1° Décompte (T) des travaux déterminant la somme proportionnelle des honoraires;

2° Quittance.

Frais accessoires d'acquisitions d'immeubles.

1° État (T) des honoraires du notaire ou des frais et vacations de l'officier ministériel, taxé par qui de droit;

2° Quittance.

Indemnités pour occupation temporaire ou pour dommages, réglées à l'amiable.

1° Certificat de l'architecte ou de tout autre chef de service;

2° Procès-verbal d'expertise ou rapport évaluatif;

3° Arrêté du préfet, homologué par décision ministérielle ou s'y référant;

4° Quittance.

Indemnités pour occupation temporaire ou pour dommages, réglées après contestation judiciaire.

1° Certificat de l'architecte ou de tout autre chef de service;

2° Extrait de la décision du conseil de préfecture ou du décret rendu sur pourvoi;

3° Quittance.

Salaires d'experts.

1° État (T) des journées de travail d'experts;

2° Quittance.

Les pièces sont exemptes de timbre si l'expert est un agent de l'administration.

Contributions relatives aux bâtiments et domaines.

1° Avertissement du percepteur;

2° Quittance à souche du percepteur. L'impôt des portes et fenêtres est à la charge des agents.

Consommations en nature, denrées et bois provenant des domaines; fumier.

1° État de liquidation de la dépense annuelle indiquant la nature, la quantité et le prix des objets consommés;

2° Quittance du receveur des domaines.

Remonte. — Achats d'étalons.

Avances faites par un banquier pour achats à l'étranger.

1° Décision ministérielle qui autorise le remboursement au banquier;

2° Mémoire détaillé;

3° Traites acquittées et reçues des inspecteurs généraux ou des mandataires;

4° Quittance du banquier.

Justifications à produire par les agents, au soutien des avances qu'ils ont reçues, dans un délai qui ne devra pas dépasser trente jours après la date de leur rentrée en France.

1° Copie ou extrait de la décision ministérielle qui règle la mission (pour le cas seulement où l'agent n'est pas inspecteur général);

2° Compte général de l'agent, appuyé de toutes les pièces propres à justifier les achats et les frais accessoires de sa mission;

NOTA. — Dans le cas où certains frais accessoires ne pourraient pas être justifiés par pièces, ils seraient l'objet d'un paragraphe séparé dans le compte général de l'agent.

3° Copie du rapport de liquidation, approuvé par le ministre;

4° Certificat constatant la réception des chevaux dans les établissements de l'État et leur inscription sur l'inventaire.

Achats faits en France.

1° Copie ou extrait du rapport de liquidation, approuvé par le ministre;

2° Acte de vente (T) relatant le signalement du cheval et portant quittance;

3° Certificat de réception dans un établissement et d'inscription sur l'inventaire de cet établissement.

Courses.

Prix :

1° Procès-verbal de course établi par les commissaires;

2° Quittance des propriétaires des chevaux vainqueurs, ou, à défaut, du trésorier de la société.

Allocations à forfait.

Quittance des trésoriers des sociétés.

Primes.

Aux poulinières :

1° Extrait du procès-verbal de distribution;

2° Quittance du propriétaire.

Aux juments de race pure :

1° Certificat de naissance de la production donnant droit à la prime;

2° Extrait de la décision ministérielle ou de l'état récapitulatif approuvé par le ministre;

3° Quittance du propriétaire.

Aux étalons :

1° État dressé par le propriétaire, certifié par le maire et visé par le sous-préfet, constatant le nombre des juments saillies par chaque étalon ; ledit état approuvé par le ministre ;

2° Quittance du propriétaire.

Subventions aux écoles libres de dressage.

1° Copie ou extrait de la décision ministérielle qui accorde la subvention ;

2° Quittance.

Fournitures de médailles.

1° Copie ou extrait de la décision ministérielle ;

2° Mémoire de la Monnaie ;

3° Certificat de livraison des médailles ;

4° Quittance.

283

HARNACHEMENT (G.)

Primes allouées pour la masse de harnachement :

État collectif ;

Quittance sur ledit état donnée par le conseil d'administration ou par le commandant de l'unité administrative.

NOTA. — Tous les marchés passés directement par les corps de troupe sont assujettis à la formalité du timbre.

En ce qui concerne l'enregistrement, lesdits marchés sont affranchis de cette formalité dans le seul cas où ils sont passés directement et définitivement par les corps de troupe sans qu'aucune approbation administrative ait à intervenir.

Dépenses faites à titre remboursable par les écoles militaires et les compagnies et dépôts de remonte.

1° Marché ou convention[1] passée par le conseil d'administration du corps avec le maître ouvrier;

2° Facture (T);

3° Certificat d'exécution du service ;

4° Quittance donnée par le créancier réel;

5° Quittance sur le mandat donnée par le conseil d'administration ou le commandant de l'unité administrative.

284

HOPITAUX (M.)

Traitements de malades hors des établissements de la Marine.

a) Journées d'hôpital :

1° Etats portant décompte;

2° Quittance.

b) Visites de médecins :

Mémoire d'honoraires (T).

Frais de quarantaine et patentes de santé.

1° Décisions, tarifs, certificats ou déclarations constatant le service fait et établissant le droit à paiement;

2° Quittance.

285

IMPRESSIONS FOURNIES PAR L'IMPRIMERIE NATIONALE[2]

Paiement unique et intégral.

1° Copie ou extraits des tarifs annuels dûment approuvés;

---

(1) Ces marchés sont affranchis de la formalité du timbre et de l'enregistrement.

(2) Un arrêté du Garde des sceaux est nécessaire pour autoriser les impressions en dehors de l'Imprimerie nationale (Décret du 24 août 1889).

2° Mémoire liquidé et arrêté, présentant le détail en quantités et les prix d'unités;

3° Certificat de prise en charge des fournitures faites;

4° Quittance à souche dûment contrôlée, souscrite par le caissier de l'Imprimerie;

5° Acquit pour duplicata donné par ce comptable sur l'extrait de l'ordonnance, lequel doit porter le *Vu bon à payer* du secrétaire général des services de la comptabilité et du contrôle.

Acompte.

1° Décompte du service fait, faisant ressortir la somme à payer pour le premier acompte, et, pour les paiements suivants, rappelant en outre les acomptes payés et les dates et numéros des ordonnances ou mandats antérieurs;

2° Quittance à souche, comme ci-dessus;

3° Acquit pour duplicata, comme ci-dessus.

Solde.

Mêmes justifications qu'au paiement intégral.

Et de plus :

Décompte rappelant les acomptes payés, les dates et numéros des ordonnances ou mandats antérieurs.

286

INDEMNITÉS A FORFAIT POUR VOYAGES DE SERVICE (A. E.)

Ordonnances individuelles ou collectives;

Copie de la décision ministérielle;

Quittance de l'agent ou de son fondé de pouvoirs.

287

INDEMNITÉS DE LOGEMENT AUX CHARGÉS D'AFFAIRES

1° Ordonnances individuelles énonçant le laps de temps auquel s'applique l'indemnité;

2° Copie de la décision qui accorde l'indemnité;

3° Quittance de l'agent ou de son fondé de pouvoirs.

288

INDEMNITÉS PÉRIODIQUES ANNUELLES ET TEMPORAIRES

(*Exemptes de retenues pour le service des pensions civiles.*)

1° État nominatif dûment arrêté, indiquant pour chaque fonctionnaire ou agent :

a) Le grade et l'emploi;

b) Le chiffre de l'indemnité annuelle;

c) La durée du service;

d) Dans le cas où ladite indemnité n'est pas portée au budget, la date de la décision qui l'a fixée;

e) La somme à payer.

2° Quittance de l'ayant droit par émargement ou séparée;

Et de plus, en cas d'ordonnancement collectif :

Acquit de la personne autorisée à recevoir.

289

INDEMMITÉS PÉRIODIQUES ANNUELLES OU TEMPORAIRES (A. E.)

(*Exemptes de retenues pour le service des pensions civiles.*)

Y compris les indemnités de frais de service payées directement à des agents vice-consuls.

1° État nominatif dûment arrêté (ou ordonnance individuelle) indiquant pour chaque fonctionnaire ou agent :

a) Le grade et l'emploi ou la nature du service;
b) Le chiffre de l'indemnité annuelle.

(Une copie certifiée de la décision ministérielle qui concède l'indemnité ou qui en modifie la quotité doit être produite à l'appui du premier paiement; lors des paiements subséquents, il suffit de rappeler la date et le numéro de l'ordonnance à laquelle la décision a été jointe.)

c) La durée du service;
d) S'il s'agit d'une indemnité de frais de service : la résidence de l'agent;
e) La somme à payer.

2° Pour les agents autres que les vice-consuls :

Quittance de l'ayant droit par émargement ou séparée, et de plus, en cas d'ordonnancement collectif : acquit de la personne autorisée à recevoir.

Pour les agents vice-consuls : quittance de l'ayant droit ou de son fondé de pouvoirs.

290

INDEMNITÉS DE ROUTE (G.)

Frais de route aux officiers sans troupe, employés militaires et hommes de troupe isolés non placés en subsistance. Indemnités de déplacement aux officiers généraux et assimilés.

Avances en argent.

A l'appui des mandats provisoires :

Quittance sur le mandat.

A l'appui des mandats de remboursement :

États de remboursement établis pour chaque mois par les comptables du Trésor, vérifiés et arrêtés par les sous-intendants militaires.

Frais de route avancés par les corps de troupe et les établissements considérés comme tels.

1° État des indemnités payées par les soins des corps ou établissements pendant le mois et reproduisant toutes les inscriptions du registre de route;

2° Quittance sur le mandat.

Avances faites par les agents diplomatiques et consulaires, pour frais de rapatriement de militaires en activité de service.

1° État récapitulatif trimestriel présentant distinctement, pour chacun des militaires qui y figurent, la nature des secours qu'il a reçus et le montant des avances qui peuvent lui avoir été faites;

2° Quittance sur le mandat.

Frais de traversée.

Paiement du prix de traversée à bord des navires de commerce français :

1° Réquisition de l'agent diplomatique ou consulaire, revêtue du certificat de départ et du visa de l'arrivée, ce dernier donné par le sous-intendant militaire ou par le commandant de recrutement du lieu de débarquement;

2° État nominatif certifié par l'autorité diplomatique ou consulaire du point de départ des militaires embarqués. (Cet état ne se produit que lorsque la réquisition contient ces renseignements.)

3° Facture (T) du capitaine du bâtiment;

4° Quittance sur le mandat.

Paiement du prix de traversée à bord des navires de commerce étrangers :

Mêmes justifications que ci-dessus; en plus, attestation de

l'agent diplomatique ou consulaire, indiquant la somme convenue pour le transport.

291

INDEMNITÉS DE ROUTE ET DE SÉJOUR (M.)

En France et à l'extérieur.

1° Mandat individuel ou état indiquant : *a*) s'il s'agit d'indemnité de route : le point de départ, le point d'arrivée, la distance par myriamètre ou par étape entre ces deux points, le taux de l'allocation, la somme totale à payer; *b*) s'il s'agit d'indemnité de séjour : le jour d'arrivée, le jour du départ, le taux de l'allocation, la somme à payer;

2° Quittance.

292

INDEMNITÉS AUX SOUS-OFFICIERS TITULAIRES D'UNE PENSION DE RETRAITE PROPORTIONNELLE ET EN INSTANCE D'UN EMPLOI CIVIL

Premier paiement :

1° Extrait de la décision ministérielle de concession;

2° Certificat de cessation de paiement;

3° Certificat de vie;

4° Quittance sur le mandat.

Paiements subséquents :

1° Certificat de vie;

2° Mention indiquant le mandat émis antérieurement et auquel l'extrait de la décision de concession a été joint.

Dernier paiement :

1° Certificat de vie;

2° Certificat constatant l'entrée en fonctions de l'intéressé dans l'emploi pour lequel il a été reconnu apte. Ce certificat est délivré par l'administration à laquelle le sous-officier appartient;

3° Quittance sur le mandat.

NOTA. — En cas de radiation des listes de classement, le certificat ci-dessus (2°) est remplacé par la copie de la lettre ministérielle notifiant la radiation au directeur du service de l'intendance.

Le certificat de vie doit mentionner que l'intéressé n'a pas encore obtenu d'emploi [1].

293

INDEMNITÉS SPÉCIALES ET GRATIFICATIONS

(*Exemptes de retenues pour le service des pensions civiles.*)

1° Décision qui accorde l'indemnité ou la gratification ;

2° Quittance de l'ayant droit par émargement ou séparée;

Et de plus, en cas d'ordonnancement collectif :

3° État nominatif, dûment approuvé, indiquant la somme accordée à chacun des fonctionnaires et agents y dénommés;

4° Acquit de la personne autorisée à recevoir.

294

INDEMNITÉS VARIABLES CALCULÉES D'APRÈS DES TARIFS ET AUTRES BASES FIXES DE LIQUIDATION

(*Exemptes de retenues pour le service des pensions civiles.*)

Travaux extraordinaires, frais de tournées, de missions, etc.

1° État nominatif dûment arrêté, présentant les bases du calcul des droits acquis et la somme à payer à chaque fonctionnaire ou agent;

(1) Circulaire de la Comptabilité publique du 30 juin 1890.

2° Tarif ou autres actes qui ont fixé les bases;

NOTA. — Si ces pièces ont été produites antérieurement, ou si elles ont été insérées soit dans le *Bulletin des lois*, soit dans d'autres recueils officiels, il suffira de mentionner cette circonstance en indiquant le numéro du Bulletin ou le compte antérieur et le mandat à l'appui desquels la pièce a été produite.

3° Quittance de l'ayant droit par émargement ou séparée;

Et de plus, en cas d'ordonnancement collectif :

4° Acquit de la personne autorisée à recevoir.

295

INDEMNITÉS EXTRAORDINAIRES DE VOYAGE ET MISSIONS EXTRAORDINAIRES (G.)

Indemnité extraordinaire de voyage.

Paiements à titre d'avance :

1° Décision ministérielle autorisant l'avance;

2° Décompte évaluatif de la distance totale à parcourir;

3° Quittance.

Paiement pour solde du service fait :

1° Copie ou extrait de l'ordre en vertu duquel le voyage a été effectué;

2° État des distances et des journées de route et de séjour;

3° Décompte de liquidation de la créance résultant de la distance parcourue, d'après la position de l'ayant droit, rappelant par dates et numéros d'ordonnances ou de mandats, les sommes payées à titre d'avance et faisant ressortir le solde à payer.

Exceptionnellement :

Déclaration de l'officier général concernant les frais exceptionnels de transports et les dépenses supplémentaires.

Indemnités aux membres des commissions supérieures de classement, des comités consultatifs, des jurys d'examen, etc.

1° Certificat délivré par les présidents des commissions, comités, etc., faisant connaître le nombre de journées pendant lesquelles les officiers résidant hors du territoire du gouvernement militaire de Paris ont été retenus dans la capitale, ou la date des journées pendant lesquelles les intéressés résidant hors Paris, mais dans l'étendue du gouvernement militaire auront assisté aux séances des commissions, comités, etc.;

2° Quittance sur le mandat.

Indemnité forfaitaire aux inspecteurs généraux.

Paiements à titre d'avance :

1° Décision ministérielle autorisant l'avance avec indication du montant de l'indemnité forfaitaire;

2° Quittance.

Paiement pour solde du service fait :

1° Extrait de la décision ministérielle fixant le montant de l'indemnité forfaitaire;

2° Décompte rappelant, par dates et par numéros d'ordonnances ou de mandats, les sommes ordonnancées à titre d'avances et faisant ressortir le solde à payer;

3° Quittance.

Frais d'estafettes et de courriers.

1° État des estafettes expédiées;

2° Ordre de réquisition;

3° Parts qui constatent l'exécution du service;

4° Récépissé du receveur principal des postes et des télégraphes.

Taxes étrangères des dépêches télégraphiques.

1° État des taxes acquittées;

2° Récépissé du receveur principal des postes et des télégraphes.

296

INDEMNITÉS AUX VOYAGEURS NATURALISTES (I. P.)

En outre des pièces relatives aux indemnités en général, il y a lieu de produire, en cas d'absence à l'étranger, à l'appui de la procuration, un certificat de vie revêtu du visa du consul français.

Si le voyageur se trouvait dans des pays très éloignés où ne résident pas de consuls français, il y a lieu de payer sur la production d'un certificat de vie délivré par le Muséum, déclarant qu'il y a impossibilité de fournir le certificat de vie réglementaire.

297

INSPECTIONS DES PHARMACIES (A. C.)

État (T) des frais de tournée;

Quittance.

298

JOURNAUX

Les sommes ordonnancées au nom des journaux désignés par leur titre sont payées sur l'acquit des personnes qui ont certifié les mémoires.

Pour les abonnements, il est produit une quittance d'abonnement timbrée à o fr. 10 c. Le timbre n'est pas remboursé.

299

JOURNAUX, DOCUMENTS, RENSEIGNEMENTS, ETC., NÉCESSAIRES AU SERVICE A L'ÉTRANGER (A. E.)

Pour les journaux : quittances des bureaux d'abonnement, ou quittance du libraire, ou déclaration motivée de l'agent.

Pour les documents statistiques ou commerciaux : quittances des parties prenantes ou déclaration motivée de l'agent.

Pour les frais d'annonces : quittances des bureaux d'annonces ou de tous autres offices de publicité, ou déclaration motivée de l'agent.

Pour les renseignements et informations : déclaration motivée de l'agent.

300

LITS MILITAIRES

Loyers d'occupation et d'entretien.

Paiement pour solde du service fait :

Voir : **Fournitures**, et de plus :

1° Compte général trimestriel par corps d'armée, région ou division ;

2° Relevés récapitulatifs par place et par trimestre ;

3° États mensuels d'existence par place ;

4° États mensuels de la situation du matériel par place ;

5° Bordereaux récapitulatifs trimestriels des états de distribution et de remplacement par place;

6° État de distribution et de réintégration par corps de troupe;

7° Dépenses accessoires : *a*) relevés récapitulatifs trimestriels par place; *b*) pièces justificatives originales des paiements effectués.

Logement et cantonnement.

1° État récapitulatif indiquant, d'une part les ressources de la commune, et de l'autre le nombre de nuits d'occupation;

2° États numériques des officiers, sous-officiers et soldats logés ou cantonnés dans la commune;

(Ces états sont établis par les chefs des détachements pour chaque période d'occupation et par mois.)

3° Quittance à souche donnée par le receveur municipal de la commune;

4° Quittance sur le mandat.

301

LOCATION D'IMMEUBLES

Premier paiement :

1° Bail (T), dûment approuvé et enregistré, et de plus transcrit, lorsque la durée est de plus de dix-huit ans;

2° Quittance du propriétaire.

Nota. — Les baux passés au nom de l'administration sont susceptibles d'être enregistrés gratis (art. 70 de la loi du 22 frimaire an VII. — Décision du ministre du 17 septembre 1823).

Paiements subséquents :

1° Quittance du propriétaire;

2° Indication du compte ou du mandat auxquels le bail a été joint antérieurement ; et, dans le cas où l'immeuble aurait été vendu postérieurement au bail :

3° Extrait (T) de l'acte de vente.

302

LOYERS DUS AUX COMPAGNIES DE CHEMINS DE FER (P. T.)

Convention (T) relatant l'approbation ministérielle (à joindre seulement au premier mandat) ;

Quittance de l'ayant droit.

303

LOYERS ET RÉPARATIONS DES HOTELS DE LÉGATIONS, DES MAISONS CONSULAIRES, ETC.

Devis des grosses réparations, dressé par l'architecte et approuvé par le ministre ;

État des travaux visé par un délégué spécial et par l'agent ou, à défaut du délégué, seulement par l'agent, et appuyé des mémoires quittancés des entrepreneurs ;

Mémoires quittancés des fournisseurs et des ouvriers, visés par l'agent.

Pour les acquisitions et les travaux de réparations concernant le mobilier qui dépassent 1.000 fr. : copie de la décision ministérielle qui les autorise.

Pour tous les achats d'objets mobiliers : certificat d'inscription à l'inventaire.

304

MÉDAILLES CONSACRÉES AUX ÉVÉNEMENTS MÉMORABLES (B.-A.)

Gravures diverses.

Mêmes justifications qu'aux commandes de tableaux en y ajoutant, lors du paiement pour solde, le certificat d'inscription des coins sur le catalogue de ceux qui restent déposés à la Monnaie, comme propriété de l'État.

Frappe et fourniture de médailles.

1° Mémoire de la Monnaie;
2° Certificat de remise des médailles;
3° Acquit.

305

MENUES DÉPENSES DE MATÉRIEL

Bordereau récapitulatif de l'emploi des fonds appuyé des quittances des créanciers réels, s'il y a lieu; ledit bordereau dûment arrêté et approuvé.

Les reçus à l'appui des dépenses faites par l'inspecteur du matériel des affaires étrangères n'étant produits que comme preuve du transport de la créance, ne sont revêtus ni du visa de l'ordonnateur, ni d'une mention de réception. (Mode de justification accepté par la caisse centrale. — Notes des 12 novembre 1888 et 20 novembre 1895.)

En ce qui concerne les frais de voitures, des états nominatifs émargés par les officiers qui ont pris des voitures semblent des éléments suffisants de contrôle. Mais pour les achats de journaux, l'indication d'une somme globale par mois, sans autre détail, ne constitue pas une justification régulière (1).

306

MISSIONS ET DÉPENSES EXTRAORDINAIRES (A. E.)

Les avances auxquelles donnent lieu les missions extraordinaires sont justifiées par une décision ministérielle lorsqu'elles ne s'élèvent pas à 20.000 fr., et par un décret toutes les fois qu'elles atteignent ou dépassent ce chiffre.

307

MITOYENNETÉ

La purge légale a lieu en matière d'acquisition de mitoyenneté.

Bien qu'elle ait le caractère d'une aliénation forcée, la cession de mitoyenneté d'un mur constitue une véritable vente soumise aux formalités de la loi du 23 mars 1855 (2).

308

MONUMENTS HISTORIQUES

Honoraires aux architectes et aux vérificateurs.

1° État (T), certifié par l'architecte, des honoraires dus d'après le chiffre du règlement des travaux auxquels ils se rapportent;

2° Quittance.

---

(1) Note de la Comptabilité publique du 8 février 1897.

(2) Jugement du Tribunal civil de la Seine du 12 mars 1895.

Acquisitions d'objets d'art.

1° Décision ministérielle;

2° Mémoire (T);

3° Certificat de livraison et d'inscription, s'il y a lieu, au catalogue;

4° Quittance.

Publication des archives de la commission.

1° Décision ministérielle;

2° Mémoire (T);

3° Quittance.

Travaux.

Lorsque les travaux sont à la charge des communes ou des départements, la subvention de l'Etat est mandatée directement par le préfet ou versée dans la caisse des communes, et il suffit de produire :

1° Un certificat de l'architecte, visé par le préfet, constatant que les travaux sont exécutés ou en cours d'exécution;

2° La quittance à souche (T) du receveur municipal.

309

NAVIGATION INTÉRIEURE (T. P.)

Mêmes justifications que pour les dépenses des routes et ponts.

310

OBJETS D'ART ET MOULAGES (B.-A.)

Paiement intégral :

1° Décision ministérielle;

2° Certificat de livraison;
3° Quittance.
Acomptes :
1° Décision ministérielle (au premier acompte);
2° Certificat d'avancement;
3° Quittance.
Soldes :
1° Certificat de livraison;
2° Quittance.

311

PART CONTRIBUTIVE DE LA FRANCE DANS LES FRAIS GÉNÉRAUX DU BUREAU INTERNATIONAL DE BERNE (P. T.)

Copie des conventions à l'appui du premier paiement;
Quittance de l'ayant droit.

312

PÊCHES MARITIMES (A. C.)

Morue.

Grande et petite pêche :
1° Déclaration (T) d'armement;
2° Rôle (T) d'équipage.
Exportation :
Par terre :
Certificat (T) des douanes.
Par mer :
Certificat (T) d'embarquement et de débarquement;
Certificat (T) des douanes.

Importation de rogues :
Certificat (T) des douanes.

Baleine.

Primes au départ :
1° Déclaration (T) d'armement;
2° Rôle (T) d'équipage ;
3° Certificat (T) de jaugeage;
4° Certificat d'avitaillement et d'équipement pour la pêche;
5° Acte de cautionnement.
Primes au retour :
1° Déclaration de retour;
2° Certificat (T) de la douane.

Cachalot.

Primes au départ :
1° Déclaration (T) d'armement;
2° Rôle (T) d'équipage;
3° Certificat (T) de jaugeage;
4° Certificat d'avitaillement et d'équipement pour la pêche;
5° Acte de cautionnement.
Primes au retour :
1° Déclaration (T) de retour;
2° Certificat (T) de vérification de chargement.

NOTA. — L'article 12, § 4, du décret du 29 décembre 1851 sur l'exportation des morues aux colonies exclut du droit à la prime toute partie d'envoi rejetée par la commission au port d'entrée, comme impropre à la consommation.

313

PÉCULE DES DÉTENUS

État collectif émargé par les détenus.

Le paiement aux illettrés est fait en présence de deux gardiens et de deux détenus, et la déclaration des témoins certifiée véritable par le comptable. (Voir art. 388.)

314

PÉPINIÈRES DE LA CORSE (A. C.)

Subventions spéciales.

État justificatif, dûment arrêté et approuvé, appuyé des quittances des créanciers, s'il y a lieu;

Quittance.

315

PERTES SUR LES MONNAIES ÉTRANGÈRES (M.)

1° Contrats, marchés ou conventions avec les bailleurs de fonds;

2° Quittance.

Pour les dépenses acquittées par les consuls à titre d'avances personnelles, le cours du change doit être indiqué sur les divers états de dépenses.

316

PHARES (T. P.)

Éclairage.

A l'entreprise :

1° Décomptes ou états du service fait, certifiés par l'ingénieur en chef;

2° État récapitulatif (T) quittancé, visé par le ministre ou par son délégué;

3° Avis de l'ordonnance acquitté.

Entretien.

1° Factures ou mémoires (T) quittancés, arrêtés par l'ingénieur qui certifie la livraison et visés par le ministre ou par son délégué;

2° Avis des ordonnances acquittés.

317

POIDS ET MESURES (A. C.)

Traitements.

A Paris :

État émargé par les parties prenantes, arrêté par le préfet de police et visé par le ministre ou son délégué.

Dans les départements :

État collectif par mois ou par trimestre, émargé par les parties prenantes, certifié par le préfet, ou quittances individuelles sur les mandats.

Loyers.

A Paris :

État certifié par le préfet de police et quittances des propriétaires [1].

Dans les départements :

Pour les indemnités : quittances ou états émargés;

Pour les loyers : quittances des propriétaires [1].

---

(1) Le bail (T) sera produit lors du premier paiement et, en cas de location verbale seulement, la décision approbative du ministre.

318

PORTS SECS (T. P.)

Le paiement des ordonnances au nom des compagnies de chemins de fer ne doit pas être arrêté par le défaut de production des quittances des créanciers réels.

Les pièces sont dispensées du timbre de dimension et considérées comme pièces administratives. Si toutes les pièces ne sont pas produites, on les réclame aux compagnies qui les envoient ultérieurement ou prennent l'engagement de les produire [1].

319

POUDRES ET SALPÊTRES (G.)

Honoraires aux médecins civils pour soins donnés au personnel des poudreries [2].

Convention (T) ;
État indiquant le service effectué;
Quittance sur le mandat.

Salaires du personnel auxiliaire.

Les états individuels ou collectifs établis pour le personnel auxiliaire doivent faire ressortir distinctement les sommes à verser par l'agent spécial à la Caisse nationale des retraites pour la vieillesse et la somme nette à payer aux intéressés.

Salaires aux conservateurs des hypothèques pour transcription d'actes de vente, certificats d'inscription, etc.

1° État des salaires établi et certifié par le conservateur

---

(1) Comptabilité publique du 2 août 1876.

(2) Il est passé avec les médecins civils appelés à donner des soins au personnel des établissements des conventions d'une durée de 3 à 5 ans.

des hypothèques, donnant le nom des vendeurs et le détail des actes transcrits et des certificats délivrés ;

2° Quittance sur le mandat.

Frais d'insertion dans les journaux d'avis, de jugements, etc., se rapportant aux acquisitions d'immeubles.

1° Facture (T) de l'administration ou du propriétaire du journal ;

2° Quittance sur le mandat.

320

PRÉSENTS DIPLOMATIQUES

Les objets destinés aux présents n'étant achetés qu'à l'instant même où le ministre en fait emploi, il n'y a point de prise en charge ; le département se borne à constater la réception et l'envoi à destination.

Quand les décorations ne sont pas données à titre de présents diplomatiques, la Cour des comptes exige un certificat constatant qu'il s'agit d'étrangers, seul cas où l'État se charge de ces frais.

Les fournitures de décoration ne donnent pas lieu à marché [1].

321

PRIMES D'ARRESTATION DES MARINS ABSENTS OU DÉSERTEURS

État nominatif quittancé, avec procès-verbaux à l'appui, mandaté au nom des capteurs, et quand ces capteurs appar-

(1) Note du ministre des affaires étrangères du 1er février 1875 admise par le Trésor.

tiennent à un corps organisé, au nom des conseils d'administration ou des officiers comptables.

Lorsque les capteurs ne sont ni militaires, ni agents civils, leur quittance doit être timbrée.

322

PRIMES A LA CONSTRUCTION ET A LA NAVIGATION

Loi du 30 janvier 1893.

Art. 2. — En compensation des charges que le tarif des douanes impose aux constructeurs de bâtiments de mer, il leur est attribué les allocations suivantes :

Pour les navires à vapeur ou à voiles, en fer ou en acier, soixante-cinq francs (65 fr.);

Pour les navires en bois de 150 tonneaux ou plus, quarante francs (40 fr.);

Pour les navires en bois de moins de 150 tonneaux, trente francs (30 fr.);

Par tonneaux de jauge brute totale calculée conformément aux articles 1 à 12 du décret du 24 mai 1873 et à l'article 1er du décret du 7 mars 1869.

Art. 3. — En compensation des mêmes charges, il est attribué aux constructeurs de machines, les allocations suivantes :

Pour les machines motrices et les appareils auxiliaires, tels que pompes à vapeur, servo-moteurs, dynamos, treuils, ventilateurs mus mécaniquement, placés à l'état neuf à bord des navires tant à voiles qu'à vapeur, ainsi que pour les chaudières à vapeur neuves qui les alimentent et leur tuyautage, quinze francs (15 fr.) par 100 kilogrammes.

La prime est accordée pour les machines motrices et les appareils auxiliaires mis en place à l'état neuf, ainsi que pour les parties neuves des machines qui subiraient des transformations ou des réparations pendant l'existence du navire.

Lors du changement de chaudières, la compensation est fixée à quinze francs (15 fr.) par 100 kilogrammes de chaudières neuves de construction française.

Art. 4. — Les primes déterminées par les articles 2 et 3 ne sont définitivement acquises que lorsqu'il est justifié de la francisation du navire.

Art. 5. — A titre de compensation des charges imposées à la marine marchande pour le recrutement et le service de la marine militaire, il est accordé, à partir de la promulgation de la présente loi, une prime de navigation à tous les navires de construction française de plus de 80 tonneaux bruts pour les navires à voiles et de plus de 100 tonneaux bruts pour les navires à vapeur.

Cette prime s'appliquera pendant dix années, à partir de leur francisation, aux navires construits en France pendant la durée de la présente loi.

Elle est attribuée exclusivement à la navigation au long cours et à celle au cabotage international.

Art. 6. — La prime déterminée par l'article 5 est fixée par tonneau de jauge brute totale et par 1.000 milles parcourus, pour tous les navires de construction française :

A un franc dix centimes (1 fr. 10 c.) pour les navires à vapeur, avec décroissance annuelle à partir de leur construction, de :

Six centimes (0 fr. 06 c.) pour les navires en bois;

Quatre centimes (0 fr. 04 c.) pour les navires en fer ou en acier;

Et à un franc soixante-dix (1 fr. 70 c.) pour les navires à voiles, avec décroissance annuelle à partir de leur construction, de :

Huit centimes (0 fr. 08 c.) pour les navires en bois;

Six centimes (0 fr. 06 c.) pour les navires en fer ou en acier.

Les navires francisés avant la promulgation de la loi du 29 janvier 1881 sont assimilés, pour la prime, aux navires de construction française.

Les navires de construction étrangère, francisés après la promulgation de la loi du 29 janvier 1881 et avant le 1er janvier 1893, ne recevront que la moitié de la prime.

Les navires faisant la navigation au cabotage international ne reçoivent que les deux tiers de la prime. Les navires faisant cette navigation et francisés avant le 1er janvier 1893 sont assimilés pour cette prime aux navires de construction française.

Art. 7. — La prime est augmentée de 25 p. 100 pour les navires à vapeur construits sur des plans préalablement approuvés par le département de la marine.

Art. 12. — Il est prélevé sur le montant des primes instituées par les articles 2, 3, 6 et 7 de la présente loi une retenue de 4 p. 100 qui sera versée à la caisse des invalides de la marine.

La durée de la présente loi est fixée à dix années à partir de sa promulgation.

Décret du 25 juillet 1893.

Art. 37. — Les primes de construction sont liquidées sur la production des pièces ci-après :

1° Pour les coques neuves, certificat du receveur des douanes du port de construction, à l'effet de constater que le navire est de construction française et qu'il a été justifié par les déclarations des divers constructeurs des machines et chaudières corroborées par les attestations des officiers du génie maritime ou des agents placés sous leurs ordres, délégués à cet effet ou, à leur défaut, des ingénieurs des mines ou des contrôleurs placés sous leurs ordres, qu'elles sont également de construction française, ledit certificat indiquant en outre le tonnage brut total, la catégorie à laquelle le navire appartient;

2° Pour les machines, parties de machines, chaudières et appareils auxiliaires, certificat distinct fourni par chacun des divers constructeurs de machines ou chaudières indiquant la nature et le poids des machines et dûment légalisé par le maire de leur résidence. Ce certificat doit être reconnu exact par les officiers du génie maritime chargés de la surveillance des usines ou les agents sous leurs ordres, délégués à cet effet, ou, à leur défaut, les ingénieurs des mines ou les contrôleurs placés sous leurs ordres. Le receveur des douanes atteste la mise en place;

3° Pour le cas d'accroissement de jauge brute, certificat du receveur des douanes;

4° Dans tous les cas :

a) Extrait timbré de l'acte de francisation délivré par l'administration des douanes et indiquant la date et le numéro sous lesquels le navire a été francisé, sa jauge brute totale, ainsi que le port auquel il est attaché, et pour les navires destinés à l'étranger, la copie certifiée du permis de sortie;

b) Projet de liquidation préparé par le receveur des douanes, vérifié et visé par le directeur général des douanes.

Art. 38. — Les primes de navigation sont liquidées sur la production des pièces ci-après :

§ 1. — Paiements par acomptes.

1° Exemplaire timbré de la déclaration souscrite par l'armateur en exécution de l'article 15 [1], ou certificat de référence, si cet exemplaire a déjà été produit;

2° Extraits timbrés du registre des traversées, ou, dans le cas où le navire arrive dans un port n'ayant ni commissaire

---

(1) Voir § 3, 1°, ci-après.

de l'inscription maritime, ni consul de France, certificat délivré par le commandant du navire de guerre français présent dans le port ou, à défaut, par l'autorité locale.

§ 2. — Paiement final ou pour solde.

1° Certificat de référence aux numéros des ordonnances de paiement d'acomptes;

2° Extraits timbrés du registre des traversées non encore liquidées;

3° Certificat du commissaire de l'inscription maritime du port de retour indiquant la composition de l'équipage pendant les différentes traversées et constatant le résultat comparatif du rapport de mer, du journal de bord et du registre des traversées;

4° Lorsqu'il s'agit de navires à vapeur construits sur des plans approuvés par le département de la marine, certificat du ministre de la marine;

5° Certificat du receveur des douanes constatant que le navire n'a pas cessé de figurer à l'effectif de la marine marchande française;

6° Certificat de l'administration des postes et télégraphes constatant que le capitaine a rempli toutes les obligations, en ce qui concerne le service postal, qui lui sont imposées par la loi du 30 janvier 1893 combinée avec l'arrêté des consuls du 19 germinal an X.

§ 3. — Paiement intégral.

1° Exemplaire timbré de la déclaration souscrite par l'armateur, énonçant :

a) Son nom et son domicile;
b) Le nom et l'espèce du navire;
c) Le lieu et la nature de la construction (bois ou fer);
d) L'origine des machines et des chaudières;
e) Le lieu et la date de la francisation;

f) S'il s'agit d'un navire construit à l'étranger, la date de la mise à l'eau ;

g) La jauge brute totale et la jauge nette ;

h) Le port d'attache de la douane et celui de l'immatriculation ;

i) Les nom, prénoms et quartier d'inscription du capitaine ;

j) La composition de l'équipage.

2° Extraits timbrés du registre des traversées ;

3° Certificat du commissaire de l'inscription maritime du port de retour indiquant la composition de l'équipage pendant les différentes traversées et constatant le résultat de l'examen comparatif du rapport de mer, du journal de bord et du registre des traversées ;

4° Lorsqu'il s'agit de navires à vapeur construits sur des plans approuvés par le département de la marine, certificat du ministre de la marine ;

5° Certificat du receveur des douanes constatant que le navire n'a pas cessé de figurer à l'effectif de la marine marchande française ;

6° Certificat de l'administration des postes et télégraphes constatant que le capitaine a rempli toutes les obligations, en ce qui concerne le service postal, qui lui sont imposées par la loi du 30 janvier 1893 combinée avec l'arrêté des consuls du 19 germinal an X.

Art. 40. — L'imputation à chaque exercice des ordonnances de paiement est déterminée, savoir :

Pour les primes à la construction des coques, d'après l'année de francisation ;

Pour les primes à la construction des machines et chaudières du premier armement, d'après l'année de francisation ;

Pour les primes à la construction des portions de machines et des chaudières nouvelles, etc., d'après l'année de la mise en place ;

Pour les primes à la navigation, d'après l'année pendant laquelle le navire est rentré en France, ou, s'il s'agit d'une liquidation par acomptes, d'après l'année où se termine chacune des traversées partielles.

323

PRISONS MILITAIRES (G.)

Primes de surveillance et de direction allouées aux agents principaux et aux adjudants greffiers.

1° État indicatif du produit du travail et des primes perçues ;

2° Quittance sur le mandat.

324

PRIX DES ACADÉMIES (I. P.)

1° Extrait certifié conforme du procès-verval de la séance dans laquelle le prix a été adjugé ;

2° Quittance du lauréat, certifiée et visée.

325

RECENSEMENT ET CLASSEMENT DES CHEVAUX, MULETS ET VOITURES, NÉCESSAIRES A LA MOBILISATION (G.)

Indemnités allouées aux membres des commissions mixtes.

Feuilles itinéraires émargées.

Dépenses d'impressions, d'affiches et d'affichage relatives soit au recensement, soit au classement.

1° Factures (T) des créanciers réels revêtues de la mention d'exécution du service donnée par le préfet ou son délégué;

2° Quittance sur le mandat.

326

RECRUTEMENT

Frais extraordinaires relatifs aux appels.

1° États nominatifs émargés par chacun des fonctionnaires entre lesquels le préfet a réparti la somme allouée ou quittances individuelles ;

2° Extrait de liquidation ;

3° Quittance sur le mandat émis au nom du préfet du département.

Frais d'impressions pour les opérations des appels.

1° Décision portant liquidation de l'abonnement ;

2° Quittance sur le mandat au nom du préfet du département.

Indemnités de déplacement allouées aux membres des conseils de revision, au sous-intendant, au commandant de recrutement et aux médecins militaires ou civils ayant assisté au conseil.

1° Décompte des journées de déplacement ;

2° État des frais ;

3° Quittance sur le mandat.

Vacations aux médecins civils ayant assisté les conseils de revision dans le lieu de leur résidence. Indemnité journalière au sous-officier de recrutement secrétaire.

1° État de frais ;

2° Quittance sur le mandat.

Frais d'actes d'engagements volontaires.

1° Extrait décompté de l'état collectif des mairies ;

2° Quittance détachée du registre à souche du receveur de la commune créancière.

Frais de justice.

1° Etat de frais (T) ou exécutoire des dépens;

2° Quittance.

Dans le cas où l'administration, bien qu'elle ait eu gain de cause, solde les frais judiciaires à la charge des parties condamnées par suite de l'insolvabilité ou du refus de s'acquitter, produire en outre :

Extrait de liquidation relatant les faits et, au besoin, les pièces établissant l'insolvabilité du débiteur.

Avances faites par les agents diplomatiques et consulaires.

1° Pièces justifiant la dépense et, au besoin, quittance des créanciers réels;

2° Quittance.

327

RELIURE

Les travaux de reliure doivent donner lieu, sauf pour les publications périodiques, à la production d'un certificat, complétant le mémoire, de la prise en charge ou de l'inscription au catalogue des volumes reliés [1].

328

REMBOURSEMENTS SUR PRODUITS DES POSTES ET DES TÉLÉGRAPHES (P. T.)

Restitution de droits indûment perçus.

Décision ministérielle constatant, s'il y a lieu, la recette qui a dû être préalablement effectuée;

Quittance de l'ayant droit.

---

(1) Injonction de la Cour des comptes, gestion 1874, 1re partie.

Retenues sur salaires, pour amendes ou retards.

Décision ministérielle autorisant le remboursement;
Quittance de l'ayant droit.

Remboursement aux offices étrangers sur le produit brut de la télégraphie privée.

Copie de la convention à l'appui du premier paiement;
Décision ministérielle constatant que la somme remboursée a été portée en recette au budget;
Pièces justificatives des droits liquidés, lorsque la restitution est de nature à en nécessiter;
Quittance de l'ayant droit.

329

REMONTE GÉNÉRALE (G.)

NOTA. — Les dépenses du service de la remonte générale donnent lieu à des paiements d'avances. L'emploi de ces avances doit être justifié par la production des pièces indiquées ci-dessous, mais cette production n'est pas exigible dans le délai d'un mois; elle doit être complétée avant le 31 décembre.

Achat de chevaux à l'intérieur.

1° Ordre d'achat;
2° Mandats de trésorerie dits du service des remontes revêtus de la quittance du vendeur;
3° Talon-avis du mandat ci-dessus;
4° Facture (T) portant prise en charge et quittance du vendeur donnée au moment où il reçoit le mandat du trésorier.

Frais de tournée des officiers et des vétérinaires.

1° Ordres de route ;

2° États émargés par les parties prenantes, vérifiés et arrêtés par les sous-intendants militaires.

Achat d'accouples pour attacher les chevaux en route.

1° États détaillés, certifiés par les commandants des dépôts, vérifiés et arrêtés par les sous-intendants militaires ;

2° Factures (T) quittancées ou quittances.

Dépenses accidentelles.

1° Autorisations relatives à ces dépenses ;

2° Factures (T) quittancées ou quittances.

Frais de nourriture en route, des lieux d'achat aux dépôts.

Quittances des aubergistes, certifiées par les maires des communes dans lesquelles les chevaux ont été nourris, et visées par les sous-intendants militaires (au-dessus de 10 fr. ces quittances doivent être revêtues du timbre de dimension).

Achat de chevaux en Algérie et en Tunisie.

Quittance (T) du vendeur revêtue de la déclaration de deux témoins.

Frais d'entretien des jeunes chevaux dans les dépôts de transition.

1° Convention (T) ou bail enregistré ;

2° État indiquant la période pendant laquelle l'allocation journalière est due ;

NOTA. — Dans le cas où il est alloué une somme par jour et par cheval, produire un état indiquant le nombre de journées auxquelles a droit le propriétaire.

3° Quitance sur le mandat.

Chevaux, mulets, etc., voitures et harnais.

1° État de paiement émargé par les intéressés;

2° Bulletin de réquisition;

3° Quittance à souche du receveur municipal pour le mandat émis à son nom.

Indemnités allouées aux membres des commissions et au personnel militaire et civil qui y est attaché.

État d'émargement certifié par le président de la commission et arrêté par le sous-intendant militaire.

Indemnités aux conducteurs militaires.

Liste nominative préparée par le bureau de recrutement et émargée par les intéressés.

Indemnités aux palefreniers civils chargés de la conduite des animaux et des voitures.

a) Indemnité de 1 fr. payée par les présidents de commission :

Liste nominative émargée chaque jour.

b) Complément des indemnités payé par la commission départementale :

État d'émargement; certificats d'exécution délivrés par les chefs de convois.

Indemnités de route ou de voyage aux officiers présidents des commissions, aux vétérinaires, aux secrétaires et aux maréchaux ferrants militaires.

Reçus individuels.

Avances faites aux chefs de détachement pour le paiement des indemnités journalières aux conducteurs des animaux et voitures.

Reçus signés par les chefs des détachements;

Factures ou mémoires acquittés et visés par les maires pour les dépenses imprévues faites par les commandants de détachements.

Dépenses accidentelles.

Factures quittancées ou quittances des créanciers réels.

330

RÉPARTITION DES PRODUITS D'AMENDES (P. T.)

Extrait du jugement qui a prononcé la condamnation;

Décision ministérielle qui a autorisé la répartition;

État de répartition;

Quittance à souche du receveur de l'hospice, pour la part revenant à cet établissement;

Quittance du conseil d'administration de la compagnie de gendarmerie, autorisé à recevoir, pour la part des gendarmes saisissants;

Quittances des autres ayants droit, pour leur part respective.

331

RÉSERVE ET ARMÉE TERRITORIALE

Indemnité de première mise d'équipement aux officiers de réserve et de l'armée territoriale.

1° État indiquant le nom, le grade et la résidence de l'officier, et la date du décret de nomination;

2° Quittance sur le mandat.

Taxes d'affranchissement d'ordres d'appel.

1° Relevé établi par le receveur principal des postes et télégraphes de la Seine;

2° Quittance.

332

ROUTES ET PONTS — DÉPENSES DIVERSES (T. P.)

Appointements et salaires des agents secondaires.

1° Certificat de l'ingénieur;

2° Quittances sur les mandats individuels.

Indemnités, suppléments de frais fixes aux ingéniers, conducteurs, etc.

1° Certificat de l'ingénieur;

2° Copie ou extrait de la décision ministérielle;

3° Quittance sur le mandat.

Frais de voyage des agents payés sur les fonds des travaux.

1° Certificat de l'ingénieur;

2° Copie ou extrait de la décision ministérielle réglant la somme due;

3° Quittance sur le mandat.

Frais de découchers et de transports rapides des conducteurs des ponts et chaussées et des agents secondaires.

1° Certificat de l'ingénieur;

2° État nominatif dûment arrêté, présentant les bases du calcul des droits acquis et la somme à payer à chaque agent;

3° Quittance sur le mandat.

Achats d'instruments et objets mobiliers.

1° Certificat de l'ingénieur;

2° Copie ou extrait de la décision ministérielle qui a autorisé l'achat;

3° Facture ou mémoire (T) quittancé, arrêté par l'ingénieur en chef et portant certificat d'inscription à l'inventaire;

4° Quittance sur le mandat.

Loyers de magasins, terrains, etc.

1° Certificat de l'ingénieur;

2° Quittance sur le mandat.

A l'appui du premier paiement on doit produire:

Copie ou extrait du bail ou sous-bail, si l'acte existe;

Copie ou extrait de la décision qui a approuvé la location.

Pour les paiements suivants, on rappelle dans les mandats la production des deux pièces qui précèdent.

Salaires d'experts, impressions, fournitures diverses.

1° Certificat de l'ingénieur;

2° Facture, mémoire (T) ou état quittancé par l'ingénieur;

Nota. — Si l'expert est un agent de l'administration, la pièce à produire est exempte du timbre.

3° Quittance sur le mandat.

Secours à des cantonniers réformés, à des ouvriers blessés, etc.

1° Certificat de l'ingénieur en chef;

2° Copie ou extrait de la décision qui accorde le secours;

3° Quittance sur le mandat.

Indemnités pour occupation temporaire ou dommages réels.

Si l'indemnité est réglée à l'amiable :

1° Certificat de l'ingénieur;

2° Procès-verbal d'expertise ou rapport évaluatif;

3° Arrêté du préfet qui règle le montant de l'indemnité;

4° Quittance sur le mandat.

Si l'indemnité est réglée après contestation :

1° Certificat de l'ingénieur;

2° Extrait de la décision du conseil de préfecture ou du décret rendu en appel;

3° Quittance sur le mandat.

333

SALAIRES

(Exempts de retenues pour le service des pensions civiles.)

1° État nominatif, dûment arrêté, indiquant pour chacun des agents y dénommés, le nombre des journées et la somme à payer;

2° Quittance de l'ayant droit par émargement ou séparée;

Et de plus, en cas d'ordonnancement collectif;

3° Acquit de la personne autorisée à recevoir.

334

SAVANTS

Les acomptes qui peuvent être payés ne doivent pas dépasser les 9/10es des travaux exécutés.

335

SECOURS

1° Décision qui accorde le secours;

NOTA. — Pour les secours périodiques, la décision est produite à l'appui du premier paiement; il suffit de s'y reporter pour les paiements suivants.

2° Quittance de l'ayant droit;

3° Certificat de vie du titulaire, si le paiement est fait à un fondé de pouvoirs.

NOTA. — En principe les certificats de vie produits à l'appui d'un secours doivent être timbrés; ce sont des pièces de droit commun assujetties à l'impôt.

336

SECOURS (A. E.)

Il n'est pas produit de décision ministérielle pour les secours accidentels.

337

SECOURS ET AUMÔNES (à l'étranger)

Secours et aumônes à des Français de passage.

État indicatif des noms, qualité ou profession, lieu de naissance et destination des personnes secourues.

A l'appui des secours proprement dits, reçus des parties prenantes ou déclaration de l'agent.

Secours et aumônes à des Français sédentaires.

État nominatif indiquant les causes qui empêchent ces individus de se rapatrier.

A l'appui des secours proprement dits, reçus des parties prenantes ou déclaration de l'agent.

Secours annuels.

Copie certifiée de la décision ministérielle qui les concède;

Reçu de la personne secourue.

Subventions aux sociétés de bienfaisance et aux hôpitaux.

Reçus des parties prenantes.

Si la subvention est annuelle, copie de la décision ministérielle qui l'accorde.

Frais d'hôpital.

Quittance du directeur de l'hôpital ou de la sœur supérieure.

338

SECOURS POUR PERTES RÉSULTANT DE GRÊLE, INCENDIE, ÉPIZOOTIE, INONDATIONS ET AUTRES ÉVÉNEMENTS MALHEUREUX

Secours pour pertes matérielles.

Mandats collectifs par commune :

1° Copie ou extrait de la décision ministérielle énonçant la nature de la perte ou du dommage;

2° État nominatif des participants aux secours, indiquant pour chacun la position de non-assuré et par eux tous émargé.

Mandats individuels :

1° Copie ou extrait de la décision ministérielle énonçant la nature de la perte ou du dommage;

2° Extrait du procès-verbal d'estimation mentionnant la position du perdant quant aux assurances;

3° Quittance sur le mandat.

Secours par suite d'événements malheureux.

Copie ou extrait de la décision ministérielle rappelant le motif des secours;

Quittance sur le mandat.

339

SECOURS AUX RÉFUGIÉS ÉGYPTIENS (G.)

Quittances des parties prenantes sur les mandats individuels.

340

SÉRICICULTURE (A. C.)

Subventions.

Décision ministérielle si la dépense est mandatée par un ordonnateur secondaire;

Quittance.

341

SERVICE GÉOGRAPHIQUE (G.)

Frais de signaux, achat et transport d'instruments; indemnités pour dégâts et dommages.

Paiement d'avance :

Décision ministérielle autorisant l'avance et indiquant approximativement le montant du service à faire.

Paiement pour solde :

1° Relevé des dépenses faites par l'officier avec indication du mandat d'avance;

2° Factures (T) quittancées ou quittances des créanciers réels.

342

SERVICE DE SANTÉ (G.)

Indemnités allouées aux ministres des différents cultes.

1° État décompté;

2° Quittance sur les mandats.

Dépenses des infirmeries régimentaires.

Relevé des dépenses établi par le conseil d'administration du corps, vérifié et arrêté par le sous-intendant militaire.

Production à l'appui: factures (T) quittancées, quittances et autres pièces émanant des créanciers réels;

Quittance donnée sur le mandat par le conseil d'administration.

Infirmeries. — Hôpitaux.

Relevé des dépenses établi par le conseil d'administration du corps, vérifié et arrêté par le sous-intendant militaire;

Décision ministérielle autorisant les allocations spéciales.

Pour les autres dépenses autorisées, factures (T) quittancées ou quittances des créanciers réels revêtues du certificat d'exécution.

Dépôts de convalescents.

Dépenses de matériel autorisées (frais d'entretien, d'éclairage, etc...).

Comme pour les dépenses des infirmeries régimentaires.

Hôpitaux militaires régis par économie.

Achat de denrées et matières

Pour les objets de consommation, tels que les œufs, les légumes et quelques autres menues denrées qui s'achètent journellement au marché :

Bordereaux établis et certifiés par l'officier comptable et dûment vérifiés par le médecin chef de l'établissement.

Primes de travail et gratifications aux infirmiers rengagés.

Extrait du registre, contrôle émargé par les intéressés et indiquant, en outre, la date du 1er rengagement.

Salaires des ouvriers et ouvrières employés à titre temporaire.

Extrait du registr-contrôle émargé par les intéressés.

Frais d'adjudication, d'impression et de chauffage.

Factures (T) quittancées ou quittances des véritables créanciers, revêtues du certificat d'exécution du service. Lorsque ces dépenses sont payées sur mandats directs de l'ordonnateur, la quittance est donnée sur le mandat.

Frais de conduite des militaires aliénés.

État nominatif des personnes chargées de la conduite établi par le directeur du service et acquitté par les intéressés.

Frais d'expertise, vacation, etc.

Mémoire (T) quittancé ou quittance de l'intéressé revêtus du certificat d'exécution du service.

Si la dépense est payée sur mandat direct de l'ordonnateur, la quittance est donnée sur le mandat.

Hôpitaux militaires régis par économie, sommes acquises aux sœurs hospitalières et frais de cérémonie funéraire.

États d'émargements certifiés par l'officier d'administration gestionnaire.

Achat de cercueils, de croix, ouverture des fosses, transport au cimetière.

Mémoire (T) ou facture (T) quittancés ou quittances des créanciers revêtus du certificat d'exécution du service.

Avis télégraphiques (Maladies graves ou décès).

Relevé des télégrammes appuyés des reçus des dépêches.

Hôpitaux gérés par entreprise et asiles d'aliénés.

1° Convention passée entre l'hospice civil ou l'entrepreneur et le ministre de la guerre ;

2° Facture (T) indiquant les journées de traitement, les sorties, les frais de sépulture, etc ;

3° Contrôles nominatifs des malades par corps de troupe ;

4° Pièces justificatives pour les dépenses accidentelles (bandages herniaires, lunettes, fournitures de bureau au médecin-chef des salles militaires dans les hospices mixtes, etc.).

Magasins d'approvisionnements.

Loyers et réparations des bâtiments.

Dépenses accidentelles de toute nature.

Mêmes justifications que pour les dépenses analogues des hôpitaux régis par économie.

Prestations en vertu de réquisitions.

Traitement des malades ou blessés chez l'habitant; fournitures de médicaments et objets de pansement :

1° État des sommes dues à la commune ou aux habitants ;

2° Certificat mentionnant l'exécution du service;

3° Émargement portant quittance sur l'état des sommes dues;

Et de plus (s'il y a lieu):

Note du médecin civil qui a été appelé à donner ses soins aux militaires malades ou blessés.

Indemnités allouées aux médecins civils requis pour l'exécution du service de santé dans les corps de troupe, dans les hôpitaux militaires et dans les salles militaires des hospices mixtes.

1° Déclaration (T) établie par le médecin civil requis.

Cette déclaration est certifiée soit par le conseil d'administration du corps de troupe, soit par le chef de détachement, soit par le médecin-chef de l'établissement où le service a été effectué;

2° Quittance sur le mandat émis par le directeur du service de santé.

SERVICE DE SANTÉ EN CAMPAGNE

Établissements et formations sanitaires dont la gestion est assurée par un officier comptable.

Achat de denrées et matières :

La facture doit toujours être extraite d'un carnet à souche.

Achats sur place.

Facture (T) quittancée ou quittance du créancier réel et extraite d'un carnet à souche.

Primes de travail et salaires des ouvriers et employés civils.

Extrait émargé du registre-contrôle du personnel militaire et civil.

Frais d'inhumation, indemnités aux sœurs, indemnités diverses.

États d'émargement.

Réparations de mobilier et de bâtiments.

Facture (T) quittancée ou quittance du créancier réel extraite d'un carnet à souche.

Sociétés d'assistance reconnues d'utilité publique.

Les sociétés d'assistance reçoivent sur les fonds du service de santé militaire à titre de part contributive de l'État :

1° Une indemnité fixe de 1 fr. pour chaque journée de malade ou de blessé ;

2° Une indemnité de 0 fr. 25 c. pour chaque repas fourni par une infirmerie de gare aux malades et blessés de passage et au personnel qui les accompagne.

Indemnité de traitement de malade ou de blessé et indemnité pour repas à des militaires de passage.

1° Facture (T) vérifiée et arrêtée par le directeur du service de santé régional ou par le chef du service de santé des étapes ;

2° Compte trimestriel des journées ou état numérique des repas distribués [1].

Acomptes mensuels payés à la Société française de secours aux blessés desservant des infirmeries de gare.

1° Relevé décompté des journées de traitement, ainsi que des repas légers fournis par les formations sanitaires ;

2° Quittance sur le mandat.

---

(1) Le règlement sur le service de santé en campagne ne prescrit pas, pour les repas, de joindre des pièces justificatives à la facture.

343

SOLDE (G.)

Non-activité.

Quittances des parties prenantes sur les mandats individuels.

Réforme.

Quittances des parties prenantes sur les mandats individuels appuyés de certificat de vie.

Militaires des corps de troupe.

Officiers. — États de solde collectifs et nominatifs certifiés par les conseils d'administration ou les commandants de détachement, vérifiés et arrêtés par les sous-intendants militaires et quittancés par les conseils d'administration ou les commandants de détachement.

Sous-officiers et soldats. — États de solde collectifs dressés par quinzaine et à l'avance, certifiés par les conseils d'administration ou les commandants de détachement, vérifiés et arrêtés par les sous-intendants militaires, et quittancés par les conseils d'administration ou les commandants de détachement.

Officiers sans troupe et employés militaires.

1° Décompte établi dans le mandat indiquant pour chaque titulaire :

a) Le grade et l'emploi ;
b) L'époque et la durée du service ;
c) Le chiffre du traitement net ;

d) Le montant des allocations autres que le traitement auxquelles peut avoir droit le titulaire.

e) Montant total de la somme à payer.

2° Quittance de l'ayant droit.

La solde de la troupe afférente à la première quinzaine du mois est payable dès le dernier jour du mois précédent.

Exceptions: 1re quinzaine de janvier payable le 1er janvier et dans le cas où le dernier jour du mois tombe un dimanche ou un jour férié, le paiement est reporté au lendemain.

L'inscription des paiements sur les livrets n'a aucune raison d'être dans le cas où le Trésor se libère entre les mains d'héritiers (1).

La différence entre la solde d'absence d'un officier traité dans un hôpital militaire et sa solde de présence constituant une retenue destinée à indemniser l'État des frais de séjour et de traitement dans l'établissement hospitalier, il n'y a pas lieu, lors du paiement à des héritiers d'un reliquat de traitement, de se préoccuper de savoir s'il était dû des frais d'hospitalisation (2).

344

SOLDE DES COMPTES EN FAVEUR DES OFFICES ÉTRANGERS. DÉCIMES DE VOIE DE MER (P. T.)

Solde dû aux offices étrangers.

Résumé des comptes arrêtés par l'administration et acceptés par les divers offices ;

Quittances des commissaires de ces offices.

---

(1) Note de la Comptabilité publique du 3 juin 1896.

(2) Note du Contentieux du 26 août 1897.

Frais de timbre des traites.

État de déboursés certifié par le receveur principal de la Seine arrêté par l'administration ;

Quittance du receveur principal.

Décime de voie de mer.

Relevé du nombre et du poids des lettres et imprimés transportés certifié par le receveur, vu et vérifié par le directeur de l'exploitation et appuyé des quittances des capitaines de navires.

345

SOLDE, HABILLEMENT ET CHAUFFAGE DES GARDES; ENTRETIEN DU PAVILLON ET DE L'ÉCUSSON; LOYERS DES LOGEMENTS DES GARDES ET PRISONS (A. E.)

Pour la solde, l'habillement, l'éclairage et le chauffage des gardes : attestation du drogman pour chaque espèce de dépense, certifiée par l'agent titulaire du poste.

Pour le loyer du logement des gardes, des prisons et des magasins : quittances des propriétaires ou déclaration de l'agent.

Pour l'entretien du pavillon et de l'écusson : factures quittancées des fournisseurs ; mémoires acquittés des ouvriers.

Voir : **article 249.**

346

SOUSCRIPTIONS AUX OUVRAGES INTÉRESSANT LES BEAUX-ARTS (B.-A.)

1° Décision ministérielle ;

2° Mémoire (T) ;

3° Certificat de livraison;

4° Quittance.

347

SOUSCRIPTIONS AUX OUVRAGES CLASSIQUES ET ENCOURAGEMENTS AUX MEMBRES DU CORPS ENSEIGNANT (I. P.)

Souscriptions.

1° Facture (T) des ouvrages livrés, certifiée et visée;

2° Certificat de dépôt rappelant la date de la décision qui accorde la souscription et constatant l'impression des ouvrages livrés sur un registre d'entrée et de sortie;

3° Quittance.

Encouragements.

Date de la décision et quittance du titulaire sur la lettre d'avis.

348

SOUSCRIPTIONS SCIENTIFIQUES ET LITTÉRAIRES (I. P.)

1° Facture (T) des ouvrages livrés, certifiée et visée;

2° Certificat de dépôt rappelant la date de la décision qui accorde la souscription et constatant l'inscription des ouvrages livrés sur un registre d'entrée et de sortie;

3° Quittance.

349

SUBVENTIONS (T. P.)

1° Certificat de l'ingénieur;

2° Copie ou extrait de la décision ministérielle ;
3° Quittance.

350

SUBVENTIONS

A des sociétés de bienfaisance à l'étranger.

Reçus des sociétés.

A des chambres de commerce à l'étranger.

Quittances des chambres de commerce.

Destinées à l'achat de livrets de caisse d'épargne.

Certificats attestant la remise des livrets aux ayants droit et indiquant leur numéro ainsi que la caisse d'épargne dépositaire [1].

351

SUBVENTIONS A L'ÉMIR ABD-EL-KADER

Ordonnances individuelles émises pour chaque mois (sauf pour janvier) un mois d'avance, au nom du consul chargé de payer la subvention ;

Quittance du fondé de pouvoirs de ce consul.

Pièces à rattacher ultérieurement à l'ordonnance :

État produit par le consul, signé de lui et visé par l'ambassadeur de France à Constantinople ;

Reçu de l'émir Abd-el-Kader ou de son mandataire.

Lorsque la quittance est donnée par le fondé de pouvoirs : copie certifiée de la procuration.

---

(1) Cour des comptes, 1896. 1re.

Frais accessoires.

Copie certifiée de la décision ministérielle ;
Quittance des parties prenantes.

352

SUBVENTIONS AUX COMMUNES POUR MAISONS D'ÉCOLE

1° Certificat du maire visé par le préfet, constatant l'avancement des travaux pour les constructions et réparations, la date de l'acte d'achat pour les acquisitions et indiquant quelle somme fournit la commune ;

2° Copie de la décision ministérielle pour les subventions du Trésor ;

3° État de répartition proposé par le préfet et approuvé par le ministre pour les subventions sur les fonds départementaux ;

4° Quittance à souche du receveur municipal.

353

SUBVENTIONS AUX COMPAGNIES CONCESSIONNAIRES DE CHEMINS DE FER (T. P.)

Copie ou extrait de la décision ministérielle fixant la somme à payer.

354

SUBVENTIONS AUX COMPAGNIES MARITIMES POUR TRANSPORT DE DÉPÊCHES (P. T.)

Exemplaire du Bulletin des lois, extrait (T) ou copie (T) des marchés ou conventions ;

Certificat de réalisation du cautionnement;

Certificat du commissaire du Gouvernement constatant l'exécution du service;

Quittance de l'ayant droit ou du représentant de la compagnie concessionnaire.

355

SUBVENTIONS AUX LYCÉES

Date de la décision et quittance à souche de l'économe.

356

SUBVENTIONS AUX SOCIÉTÉS SAVANTES (I. P.)

Date de la décision et quittance des ayants droit.

357

SUBVENTIONS AUX THÉATRES

1° Certificat du commissaire du Gouvernement ou de l'administrateur du théâtre constatant l'exécution du cahier des charges;

2° Quittance du directeur.

358

TABACS

Achats de tabacs exotiques.

Les adjudications ou marchés sont approuvés par le ministre des finances. La réception est prononcée à Paris par les agents de l'administration.

Pièces à produire :

1° Extrait du procès-verbal d'adjudication, appuyé du cahier des charges, ou extrait du marché relatant toutes les conditions de l'exécution du service et du paiement;

2° Certificat de réalisation du cautionnement, s'il y a lieu;

3° Extrait du procès-verbal de réception;

4° Récépissé délivré aux vendeurs et détaché d'un registre à souche;

5° Facture (T) fournie par les vendeurs, dûment liquidée et arrêtée;

6° Quittance des ayants droit.

De plus, pour être rattachée au paiement pour solde de chaque marché, copie de la décision ministérielle qui prononce l'apurement du marché.

En cas de menus achats qui n'ont pas fait l'objet de marchés : 4°, 5° et 6° comme ci-dessus et, de plus, extrait de la décision ministérielle qui a autorisé ces achats.

Les tabacs de bénéficiement ou qui sont extraits, pour cause d'altération, des cargaisons offertes en livraison par les fournisseurs, sont payés au prix de l'estimation qui en est faite.

Pièces à produire :

1° Récépissé délivré aux vendeurs;

2° Facture (T) fournie par les vendeurs, dûment arrêtée;

3° Quittance des ayants droit.

Achats de tabacs par les consuls de France à l'étranger.

Pour se procurer les fonds nécessaires au paiement des tabacs dont le prix doit être acquitté au moment de l'achat, les consuls sont autorisés à négocier des traites tirées par eux sur l'administration des tabacs.

Ces traites sont acquittées par le caissier-payeur central en vertu d'ordonnances de paiement délivrées à titre d'avances.

Les pièces justificatives de ces avances, telles qu'elles sont déterminées ci-dessous sont fournies ultérieurement au comptable pour être produites à l'appui de ses paiements :

Traites acquittées ;

Factures d'achats fournies par les consuls ;

Compte d'emploi des traites dressé par l'administration et appuyé, s'il y a lieu, de pièces justificatives ;

Extraits des registres constatant la prise en charge des tabacs et cigares.

359

TAXES A TÉMOINS, FRAIS DE POURSUITE POUR DÉLITS DE PÊCHE, ETC. (T. P.)

1° Certificat de l'ingénieur ;

2° Mémoires (T) taxés par l'autorité judiciaire compétente ;

3° Quittance sur le mandat.

360

TÉLÉGRAMMES

Dans les remboursements de frais de télégrammes, il y a lieu de faire connaître les noms des destinataires (1).

361

TÉLÉPHONES

Les appareils destinés à l'établissement de postes téléphoniques doivent être inscrits à l'inventaire (2).

---

(1) Cour des comptes, 1895, 2e.

(2) Cour des comptes, gestion 1896, 1re partie, Beaux-Arts.

362

TRAITEMENTS FIXES SOUMIS AUX RETENUES POUR LE SERVICE DES PENSIONS CIVILES

1° État nominatif dûment arrêté, indiquant pour chaque fonctionnaire ou agent :

a) Le grade et l'emploi ;

b) Le chiffre du traitement annuel ;

c) La durée du service ;

d) La somme brute à ordonnancer ;

e) Le montant des retenues à exercer au profit du Trésor pour le service des pensions civiles, en exécution de la loi du 9 juin 1853, savoir (1) :

Retenue de 5 p. 100 ;

Retenue du premier douzième de traitement ou d'augmentation ;

Retenue pour congé, absence, ou mesure disciplinaire ;

Et pour déterminer le montant desdites retenues :

En cas de nomination nouvelle ou de promotion, la date de la décision, l'époque de l'entrée en jouissance, la position et le traitement antérieurs ;

En cas d'absence pour service public, la nature du service ;

En cas d'absence par suite de congé, la date de la décision qui a accordé le congé, avec ou sans dispense de retenue, la nature et la durée du congé, l'époque de la cessation et de la reprise des fonctions ;

En cas de retenue disciplinaire, la date de la décision qui en a fixé le montant ;

f) Pour les retenues autres que celles à exercer par le service des pensions civiles : la nature et le montant de la retenue et la date de la décision qui l'a prescrite ;

---

(1) Les retenues à verser annuellement par les fonctionnaires en congé, en non-activité ou en disponibilité, qui sont admis par la loi du 9 juin 1853 à conserver leurs droits à la retraite, ne peuvent être inférieures à celles qu'ils supportaient sur leur traitement d'activité. (Loi du 28 décembre 1895, art, 40.)

g) La somme nette à payer, déduction faite du montant des retenues;

h) En ce qui concerne le cumul, ledit état contenant la déclaration des parties elles-mêmes qu'elles ne remplissent aucun emploi et qu'elles ne jouissent d'aucun traitement ou pension et, dans le cas contraire, l'indication précise de ces traitements ou pensions.

2° Quittance de l'ayant droit par émargement ou séparée.

Et, de plus, en cas d'ordonnancement collectif:

3° Acquit de la personne autorisée à recevoir (1).

Le traitement du ministre n'est pas assujetti à la retenue pour le service des pensions: il est ordonnancé par douzième.

En cas de démission, il est généralement admis que le jour de la démission profite au premier titulaire, mais la prise de possession des fonctions de ministre est une question de fait, d'appréciation dont le ministre qui ordonnance est seul juge, seul responsable et qui ne peut être résolue en principe.

Lorsque le fonctionnaire en congé, en non-activité ou en disponibilité continuera à jouir d'un traitement réduit payé sur les fonds de l'État, le recouvrement des retenues auxquelles il est assujetti d'après le premier alinéa de l'article 40 de la loi du 28 décembre 1895 donne lieu à deux opérations distinctes : les retenues normales de 5 p. 100 afférentes au traitement d'inactivité figurent sur chacun des mandats émis au nom du fonctionnaire; elles sont par suite précomptées au moment du paiement et directement appliquées au compte des retenues pour le service des pensions civiles. Quant aux retenues correspondant à la différence entre le traitement d'inactivité et le dernier traitement d'activité, elles sont centralisées dans les écritures du receveur central de la Seine

---

(1) Il n'est pas nécessaire que la personne qui doit encaisser une somme ordonnancée collectivement soit désignée sur les lettres d'avis; il suffit que cette désignation figure sur le décompte émargé joint à l'ordonnance.

et font l'objet de titres de perception émis annuellement par les ministères intéressés. Ces dispositions sont également applicables aux retenues à subir par les fonctionnaires en congé, etc., qui ne reçoivent aucun traitement sur l'État. Les mandats de traitement indiquent le montant du dernier traitement d'activité et le numéro sous lequel celui-ci est compris dans le titre de perception collectif. Exception est faite pour les fonctionnaires des affaires étrangères, à moins que la retenue ne dépasse le montant du traitement d'inactivité [1].

363

TRAITEMENTS (A. E.)

Les fonctionnaires et employés de l'administration centrale, ainsi que les agents politiques et consulaires, supportent sur leur traitement les retenues suivantes :

1° Une retenue de 5 p. 100 sur le montant brut des premiers 20.000 fr. ; sur les 4/5es des seconds 20.000 fr.; sur les 3/5es des troisièmes 20.000 fr.; sur les 2/5es des quatrièmes 20.000 fr., et enfin sur le 1/5e de tout ce qui excède 80.000 fr. (art. 19 du décret du 9 novembre 1853) ;

2° Une retenue du douzième du montant net du traitement lors de la première nomination ou dans le cas de réintégration, et une autre du douzième du montant net de toute augmentation ultérieure.

La retenue du premier douzième se calcule dans les mêmes proportions que la retenue du 5 p. 100.

(1) Circulaire de la Comptabilité publique du 17 juillet 1897.

364

TRAITEMENTS DES AGENTS POLITIQUES ET CONSULAIRES

1° État nominatif dûment arrêté (ou ordonnance individuelle) indiquant pour chaque agent :

a) Le grade ou la nature des fonctions ;

b) La résidence ;

c) La durée du service ;

d) En cas d'absence du titulaire par suite de congé : l'époque de la cessation et de la reprise des fonctions ;

e) Lorsqu'il y a un intérimaire : la durée de son intérim ;

f) La somme brute à payer ;

g) La somme sur laquelle doit porter la retenue de 5 p. 100 ;

h) Le montant des retenues à exercer au profit du Trésor pour le service des pensions civiles, en exécution de la loi du 9 juin 1853 ;

i) En cas de nomination nouvelle ou d'augmentation, la date de l'entrée en jouissance, et afin de déterminer le montant de la retenue du douzième, la position et le traitement antérieurs ;

j) La somme nette à payer

2° Acquit de l'ayant droit ou de son fondé de pouvoirs ;

3° En cas d'avance de traitement :

a) Ordonnance (individuelle) d'avance et quittance de la partie prenante ou de son fondé de pouvoirs ;

b) Ordonnance (individuelle) de décompte rappelant le numéro et la date de la première ordonnance, et quittance de l'ayant droit ou de son fondé de pouvoirs.

Le traitement d'inactivité des agents diplomatiques et consulaires ne peut se cumuler ni avec un traitement quelconque payé par le Trésor, ni avec une pension imputée sur les fonds de l'État, si ce n'est avec une pension de retraite militaire (1).

---

(1) Décret du Président de la République du 27 février 1877.

365

TRAITEMENTS DES MINISTRES DES CULTES

Certificat de présence et certificat d'exécution. (Loi de finances, décembre 1876.)

Ces deux pièces ne sont pas produites pour les chanoines de premier ordre du chapitre de Saint-Denis.

366

TRANSPORTS EXÉCUTÉS EN VERTU D'ADJUDICATIONS PUBLIQUES OU DE MARCHÉS DE GRÉ A GRÉ

Paiement unique ou intégral :

1° Procès-verbal d'adjudication (T) ou marché de gré à gré (T), dûment approuvé et enregistré ;

2° Cahier des charges (T) ;

NOTA. — Si le cahier des charges est un document d'une application générale et ne constitue pas une annexe spéciale du marché, l'original est exempté du timbre.

3° Tarifs et états des distances entre les différents points à desservir ;

4° Certificat constatant la réalisation du cautionnement ou la dispense qui en a été donnée ;

5° Facture (T) indiquant les bases de la liquidation et le montant total des transports effectués ;

6° Décompte de liquidation, présentant (s'il y a lieu) le calcul des retenues encourues pour retard, perte ou avarie, et en cas d'exonération ou de réduction des retenues pour retards, accordées par décision ministérielle ou administrative, mentionnant la date de cette décision et établissant la somme nette à payer ;

7° Pour le transport du matériel : lettres de voiture (T) [1], acquits-à-caution ou justifications analogues constatant la date de départ et celle de la réception par le destinataire des objets transportés et, en cas de perte ou d'avarie, procès-verbal faisant connaître la nature, le nombre et la valeur des objets perdus.

Pour le transport du personnel : réquisition ou justification analogue donnant la date du départ et celle de l'arrivée, dûment certifiée ;

8° Quittance de l'ayant droit ;

9° *En cas de traité de gré à gré pour les transports au-dessus de 20.000 fr., ou de 5.000 fr. par an s'ils embrassent plusieurs années.*

Certificat de l'ordonnateur, relatant l'une des exceptions spécifiées par l'article 18 du décret du 18 novembre 1882, et pour le cas prévu par le paragraphe 2 du même article, rappelant l'autorisation du Président de la République.

En cas d'exécution de transports de matériel par abonnement et à forfait : les justifications ci-dessus nos 1, 2, 4, 5 et (s'il y a lieu) 9, et, de plus, certificat constatant la régulière exécution du service.

Nota. — Lorsque les adjudications ou marchés pour transports sont passés pour plusieurs années et que les dépenses se soldent par exercice, on produit, à l'appui du paiement de solde du premier exercice, toutes les justifications indiquées ci-dessus ; pour le paiement de solde de chacun des exercices ultérieurs, les justifications 5, 6, 7 et 8 sont seules produites, et il suffit de rappeler le numéro, la date et les références budgétaires et d'exercice de l'ordonnance ou du mandat à l'appui duquel les justifications nos 1, 2, 3, 4 et 9 (s'il y a lieu) ont été produites, ainsi que la date et le lieu de paiement.

PAIEMENTS FRACTIONNÉS

Premier acompte :

1° Extrait certifié du procès-verbal d'adjudication ou du marché, mentionnant l'approbation et l'enregistrement ;

---

(1) Lorsque les lettres de voiture sont délivrées directement par les fonctionnaires de l'intendance militaire ou par les agents comptables des services de la guerre, soit à des entrepreneurs de transports, soit à des voituriers, elles sont exemptes du timbre.

2° Extrait certifié du cahier des charges faisant connaître le montant du cautionnement et les conditions du paiement;

3° Certificat constatant la réalisation du cautionnement ou la dispense qui en a été donnée;

4° Décompte (1) portant liquidation des transports effectués et indiquant la somme retenue et la somme à payer;

5° Quittance de l'ayant droit;

6° *En cas de traité de gré à gré pour les transports au-dessus de 20.000 fr., ou de 5.000 fr. par an lorsqu'ils embrassent plusieurs années :*

Certificat de l'ordonnateur relatant l'une des exceptions spécifiées par l'article 18 du décret du 18 novembre 1882, et pour le cas prévu par le paragraphe 2 du même article, rappelant l'autorisation du Président de la République.

Acomptes subséquents :

1° Décompte (1) portant liquidation des transports effectués indiquant la somme retenue, le détail des acomptes payés, les dates et numéros des ordonnances ou mandats en vertu desquels ces paiements ont été faits, le montant et le numéro d'ordre du paiement à ordonnancer;

2° Quittance de l'ayant droit;

3° *Dans le cas où le solde serait payé par une autre caisse que celle qui a payé les acomptes :*

Certificat (à rattacher au dernier mandat d'acompte) indiquant le numéro et la date de l'ordonnance ou du mandat de solde auquel se trouvent jointes les pièces justificatives de la dépense, le lieu du paiement et le compte à l'appui duquel ces pièces doivent être produites;

4° *Dans le cas où les premiers paiements auraient été effectués par une autre caisse que celle chargée d'acquitter le nouvel acompte ou le solde :*

Bulletin indiquant les paiements antérieurs et certificat

(1) Si le décompte est revêtu de la signature ou de l'approbation de l'adjudicataire, il constitue un mémoire et doit être timbré.

de non-opposition délivré par le comptable désigné audit bulletin.

Paiement pour solde :

1° Procès-verbal d'adjudication ou marché de gré à gré (T), dûment approuvé et enregistré ;

2° Cahier des charges (T);

NOTA. — Si le cahier des charges est un document administratif d'une application générale et ne constitue pas une annexe spéciale du marché, l'original est exempté du timbre.

3° Tarifs et états des distances entre les différents points à desservir;

4° Facture (T) indiquant le détail des expéditions, les bases de la liquidation et le montant total des transports effectués;

5° Décompte [1] de liquidation présentant (s'il y a lieu) le calcul des retenues encourues pour retard, perte ou avarie, et au cas d'exonération ou de réduction de retenues pour retard accordées par décision ministérielle ou administrative, mentionnant la date de cette décision, ledit décompte relatant en outre les acomptes payés, les dates et numéros des ordonnances ou mandats antérieurs et la somme à payer;

6° Pour le transport du matériel : lettres de voiture (T), acquits-à-caution ou justification analogue constatant la date du départ et celle de la réception par le destinataire des objets transportés et, en cas de perte ou d'avarie, procès-verbal faisant connaître la nature, le nombre et la valeur des objets perdus ou avariés.

Pour les transports de personnel : réquisition ou justification analogue donnant les dates de départ et d'arrivée, dûment certifiées ;

7° Quittance de l'ayant droit.

NOTA. — Lorsque l'entreprise du marché embrasse plusieurs années et que

(1) Si le décompte est revêtu de la signature ou de l'approbation de l'adjudicataire, il constitue un mémoire et doit être timbré.

les dépenses se soldent par exercice, on produit, à l'appui du paiement de solde du premier exercice, toutes les justifications indiquées ci-dessus ; pour le paiement du solde de chacun des exercices ultérieurs, les justifications nos 4, 5, 6, 7 (s'il y a lieu) et 9 sont seules produites, et il suffit de rappeler le numéro, la date et les références budgétaires et d'exercice de l'ordonnance ou du mandat à l'appui duquel les justifications nos 1, 2 et 3 ont été produites, ainsi que la date et le lieu du paiement.

Transports exécutés sur simple mémoire, lorsque la valeur n'excède pas 1.500 francs.

1° Mémoire (T), dûment réglé et arrêté présentant les bases de la liquidation ;

2° Quittance de l'ayant droit ;

Et, de plus, la justification n° 6 ci-dessus.

Nolis de bâtiments.

1° Charte-partie (T) ;

2° Connaissement (s'il y a lieu) ;

3° Certificats d'embarquement et de débarquement ;

4° Facture (T) ou décompte présentant les bases de la liquidation, appuyé (s'il y a lieu) des procès-verbaux justificatifs des frais de starie ou de surestarie et des certificats constatant le cours du change ;

5° Quittance de l'ayant droit ;

6° Et de plus, s'il y a lieu, toutes les pièces propres à justifier les droits accidentels non prévus par le contrat d'affrètement.

Nota. — Lorsqu'il est fait des avances au départ, on produit à l'appui du paiement des avances, outre la quittance, la charte-partie et le certificat d'embarquement ; les autres justifications sont produites à l'appui du paiement pour solde, et dans ce cas, la facture ou le décompte mentionne les avances payées antérieurement.

367

TRANSPORT DES DÉPÊCHES PAR CHEMINS DE FER (P. T.)

Bureaux ambulants.

Copie ou extrait du cahier des charges ;

Mémoire (T) portant l'approbation ministérielle ;
Quittance de l'ayant droit.

Correspondances de l'Inde et de l'Australie et bureaux ambulants supplémentaires.

Décision ministérielle qui règle le prix des transports par trains ordinaires ou spéciaux;
Mémoire (T) portant l'approbation ministérielle;
Quittance des ayants droit.

Lignes où il n'existe pas de bureaux ambulants.

Décision ministérielle ;
Copie certifiée de la convention (s'il y a lieu);
Décompte des services faits;
Quittance de l'ayant droit.

368

TRANSPORT DES DÉPÊCHES PAR ENTREPRISE (P. T.)

Concession à des entrepreneurs par adjudication publique.

Extrait du procès-verbal de l'adjudication ou du marché, dûment approuvé par le ministre et portant mention de l'enregistrement; certificat constatant l'exécution du service arrêté par le directeur de l'exploitation;
Quittance de l'ayant droit.

Transports par des sous-agents.

Décision ministérielle;
État de répartition, dûment émargé par les parties prenantes, certifié par l'agent au nom duquel le mandat a été délivré et arrêté par le directeur de l'exploitation;

Quittance sur le mandat de l'agent chargé de la distribution.

Marchés provisoires.

Décision ministérielle indiquant les conditions et portant le décompte des servires faits;

Quittance de l'ayant droit.

Solde revenant aux offices étrangers.

A l'appui du premier mandat :

Convention;

État des sommes que se doivent réciproquement les offices en raison des distances parcourues sur leurs territoires respectifs, relatant la convention et approuvé par décision ministérielle;

Quittance suivant les termes de la convention.

369

TRANSPORTS GÉNÉRAUX ET TRANSPORTS SPÉCIAUX (G.)

TRANSPORTS GÉNÉRAUX

Règlement des frais de transport.

Voir **Transports** et, s'il y a lieu, à l'appui du paiement intégral ou pour solde du service fait :

1° États de rectifications;

2° Certificats de distances pour celles qui ne sont pas mentionnées dans le tableau des distances;

3° Réquisitions délivrées par les fonctionnaires de l'intendance, en cas de changement de direction en cours de transport ou d'exécution de mesures exceptionnelles;

4° Expéditions délivrées par l'administration des douanes,

pour constater le temps écoulé depuis l'enlèvement des colis jusqu'à la sortie de la douane;

5° Récépissés de frais de douane ou d'octroi;

6° Certificats constatant la force majeure;

7° Bulletin des messageries constatant les prix des transports effectués par cette voie;

8° Pièces justificatives des frais de magasinage et de stationnement, ainsi que des frais de réparation en route lorsque l'emballage a souffert;

9° A défaut de convention : quittances des frais de transport et de camionnage pour les points qui ne sont desservis par les compagnies que moyennant remboursement de leurs dépenses.

Réclamations.

1° Bordereau récapitulatif indiquant les numéros des mandats à l'appui desquels ont été mises les factures comprenant les transports rejetés de la liquidation;

2° États des réclamations indiquant la solution donnée par l'administration de la guerre (1);

3° Pièces justificatives, lorsque leur insuffisance a été la cause du rejet.

Indemnités pour perte ou dépréciation d'animaux loués.

1° Procès-verbal de la commission d'évaluation;

2° Facture (T) indiquant les bases de la liquidation;

3° Quittance de l'ayant droit.

Transports d'objets de campement, de munitions, etc., pour les camps d'instruction.

1° Bon de convoi (T) mentionnant le prix convenu pour chaque transport;

---

(1) Ces états doivent mentionner la date de la notification de la liquidation, afin d'établir que les délais stipulés au marché n'ont pas été dépassés.

2° Certificat de l'exécution du service donné au lieu d'arrivée;

3° Quittance sur le mandat.

Si l'avance a été faite par le corps ou le détachement, la quittance est donnée sur le bon de convoi par le créancier réel. Dans ce cas, le remboursement est fait par les soins du fonctionnaire de l'intendance et le mandat émis à cet effet est acquitté par le conseil d'administration.

Entretien des parcs d'arabas.

1° Pour la solde des conducteurs :

Voir **Salaires.**

2° Pour les réparations et les remplacements de voitures :

Voir **Fournitures.**

3° Pour le remboursement :

a) De la nourriture des conducteurs;
b) De la nourriture des animaux;
c) De la valeur des animaux et des harnais :

Facture de la livraison ou de la cession arrêtée par le sous-intendant militaire.

Entretien des montures et du harnachement des compagnies d'infanterie montée (Sud oranais).

1° Pour le remboursement :

a) De la valeur des animaux,
b) De la valeur des fourrages :

Facture de cession ou de livraison arrêtée par le sous-intendant militaire;

2° Masse de harnachement :

État collectif arrêté par le sous-intendant militaire.

Fournitures faites en vertu de réquisitions.

Moyens d'attelage et de transports de toute nature y com-

pris le personnel, bateaux ou embarcations, qui se trouvent sur les fleuves, rivières, canaux, etc. (1) :

1° État des sommes dues aux intéressés ;

2° Certificat mentionnant l'exécution du service ;

3° Certificat constatant les avaries ou pertes et indiquant le montant des sommes à payer au propriétaire du matériel ;

4° Émargement portant quittance sur l'état des sommes dues ;

5° Quittance à souche du receveur municipal.

370

TRAVAUX EXÉCUTÉS EN VERTU D'ADJUDICATIONS PUBLIQUES OU DE MARCHÉS DE GRÉ A GRÉ

PAIEMENT UNIQUE OU INTÉGRAL

1° Décision approbative des travaux, mentionnant (s'il y a lieu) la date de l'autorisation donnée par le Président de la République dans les cas prévus par l'article 18, § 2, du décret du 18 novembre 1882 ;

2° Procès-verbal d'adjudication (T) ou marché de gré à gré (T), dûment approuvé et enregistré ;

3° Cahier des charges ;

NOTA. — Si le cahier des charges est un document administratif d'une application générale et ne constitue pas une annexe spéciale du marché, l'original est exempté de timbre.

4° Devis estimatif (s'il y a lieu) ;

5° Série des prix (s'il y a lieu) ;

6° Certificat constatant la réalisation du cautionnement ou la dispense qui en a été donnée ;

---

(1) Les procès-verbaux, certificats, significations, contrats, quittances et autres actes faits en vertu de la loi du 3 juillet 1877 sur les réquisitions militaires, et exclusivement relatifs au règlement de l'indemnité seront dispensés du timbre et enregistrés gratis, lorsqu'il y aura lieu à la formalité de l'enregistrement.

7° Facture (T) [1] ou décompte (2) administratif des travaux exécutés, dûment certifié et arrêté, contenant le détail des travaux, l'application des prix par article, la date de l'exécution et la somme à payer;

8° Procès-verbal de réception définitive constatant l'exécution du service dans les délais et suivant les conditions stipulées;

Nota. — Dans le cas où il ne serait pas dressé de procès-verbal de réception définitive, il est produit un certificat administratif contenant les mêmes énonciations.

9° *En cas d'exonération ou de réduction des retenues encourues pour retard :*

Décision qui a prononcé l'exonération ou la réduction;

10° Quittance de l'ayant droit;

11° *En cas de traité de gré à gré pour les travaux audessus de 20.000 fr. ou, de 5.000 fr. s'ils embrassent plusieurs années :*

Certificat de l'ordonnateur, relatant l'une des exceptions spécifiées par l'article 18 du décret du 18 novembre 1882, et pour le cas prévu par le paragraphe 2 du même article, rappelant l'autorisation du Président de la République.

Nota. — 1° Lorsque les travaux résultant d'une même adjudication ou d'un même marché sont scindés et constituent plusieurs entreprises distinctes qui font l'objet chacune d'une liquidation spéciale dont le montant est ordonnancé intégralement, on produit, à l'appui du premier paiement, toutes les justifications indiquées ci-dessus; pour les paiements suivants, les justifications nos 7, 8, 9 (s'il y a lieu) et 10 sont seules produites et il suffit de rappeler le numéro, la date et les références budgétaires et d'exercice de l'ordonnance ou du mandat à l'appui duquel les justifications nos 1, 2, 3, 4, 5 et 6 ont été jointes antérieurement, ainsi que la date et le lieu de paiement.

Chaque facture ou décompte doit rappeler la situation de l'entrepreneur quant à l'ensemble de son marché.

---

(1) Les factures de travaux exécutés par les compagnies des chemins de fer dans un intérêt de défense nationale sont exemptées du timbre. (Circulaire du ministre des travaux publics du 30 septembre 1876.)

(2) Si le décompte est revêtu de la signature ou de l'approbation de l'adjudicataire, il constitue un mémoire et doit être timbré.

2° En cas de traité à forfait, il n'est pas nécessaire que le décompte contienne le détail des travaux et des prix, qui ne serait que la reproduction textuelle du devis.

PAIEMENTS FRACTIONNÉS

Premier acompte :

1° Décision approbative des travaux, mentionnant (s'il y a lieu) la date de l'autorisation du Président de la République, dans les cas prévus par l'article 18, § 2, du décret du 18 novembre 1882;

2° Extrait certifié du procès-verbal d'adjudication ou du marché, mentionnant l'approbation et l'enregistrement;

3° Extrait du cahier des charges faisant connaître le montant du cautionnement et les conditions du paiement;

4° Certificat constatant la réalisation du cautionnement ou la dispense qui en a été donnée;

5° Décompte [1] portant liquidation des travaux effectués, indiquant la somme ordonnancée et la somme retenue;

6° Quittance de l'ayant droit;

7° *En cas de traité de gré à gré pour les travaux au-dessus de 20.000 fr. ou, de 5.000 fr. par an s'ils embrassent plusieurs années :*

Certificat de l'ordonnateur, relatant l'une des exceptions spécifiées par l'article 18 du décret du 18 novembre 1882, et, pour le cas prévu par le paragraphe 2 du même article, rappelant l'autorisation du Président de la République.

Acomptes subséquents :

1° Décompte [1] portant liquidation des travaux effectués, indiquant la somme retenue, le détail des acomptes payés, les dates et numéros des ordonnances ou mandats en vertu desquels les paiements ont été faits, le montant et le numéro d'ordre de l'acompte à ordonnancer;

---

(1) Si le décompte est revêtu de la signature ou de l'approbation de l'adjudicataire, il constitue un mémoire et doit être timbré.

2° Quittance de l'ayant droit;

3° *Dans le cas où le solde serait payé par une autre caisse que celle qui a payé les acomptes :*

Certificat (à rattacher au dernier mandat d'acompte) indiquant le numéro et la date de l'ordonnance ou du mandat de solde auquel se trouvent jointes les pièces justificatives de la dépense, le lieu du paiement et le compte à l'appui duquel ces pièces ont été produites;

4° *Dans le cas où les premiers paiements auraient été effectués par une autre caisse que celle chargée d'acquitter un nouvel acompte ou le solde :*

Bulletin indiquant les paiements antérieurs et certificat de non-opposition délivré par le comptable désigné audit bulletin.

Paiement pour solde :

1° Procès-verbal d'adjudication (T) ou marché de gré à gré (T) dûment approuvé et enregistré;

2° Cahier des charges (T);

NOTA. — Si le cahier des charges est un document administratif d'une application générale et ne constitue pas une annexe spéciale du marché, l'original est exempté du timbre.

3° Devis estimatif (s'il y a lieu);

4° Série des prix (s'il y a lieu);

5° Facture (T) ou décompte [1] administratif des travaux exécutés, dûment vérifié et arrêté, contenant l'application des prix par article, le montant total des travaux et la date de l'exécution;

6° Décompte général de l'entreprise relatant les acomptes payés, les dates et numéros des ordonnances ou mandats antérieurs et la somme à payer;

7° Procès-verbal de réception définitive, constatant l'exé-

---

(1) Si le décompte est revêtu de la signature ou de l'approbation de l'adjudicataire, il constitue un mémoire et doit être timbré.

cution du service dans les délais et suivant les conditions stipulées;

Nota. — Dans le cas où il ne serait pas dressé de procès-verbal de réception définitive, il est produit un certificat administratif contenant les mêmes énonciations.

8° *En cas d'exonération ou de retenues encourues pour retard :*

Décision qui a prononcé l'exonération ou la réduction;

9° Quittance de l'ayant droit;

10° *En cas d'exécution de travaux durant plusieurs années :*

A l'appui du paiement de solde de la deuxième année :

Décompte général de l'entreprise, détaillé et dûment certifié.

Nota. — Lorsque les adjudications ou marchés sont passés pour plusieurs années et que les dépenses se soldent par exercice, on produit à l'appui du paiement du solde du premier exercice toutes les justifications indiquées ci-dessus; pour les paiements du solde de chacun des exercices ultérieurs, les justifications nos 5, 6, 7, 8 (s'il y a lieu) et 9 sont seules produites, et il suffit de rappeler le numéro, la date et les références budgétaires et d'exercice de l'ordonnance ou du mandat à l'appui duquel les justifications nos 1, 2, 3 et 4 ont été jointes antérieurement, ainsi que la date et le lieu du paiement.

Travaux exécutés sur simple mémoire lorsque la dépense n'excède pas 1.500 francs.

1° Mémoire (T) dûment arrêté, réglé (s'il y a lieu) et contenant le détail en quantités, les prix d'unités et la somme à payer;

2° Certificat constatant l'exécution des travaux;

3° Quittance de l'ayant droit.

Nota. — Lorsqu'il est payé un ou plusieurs acomptes sur le montant d'un mémoire, les pièces doivent être fournies à l'appui du paiement du premier acompte; on s'y réfère pour les paiements suivants.

TRAVAUX EN RÉGIE PAR ÉCONOMIE

1° Décision de l'administration supérieure autorisant l'exécution des travaux et faisant connaître le motif de la mise en régie desdits travaux;

2° Décision ou arrêté nommant le régisseur;

3° Acquit de l'agent dénommé sur le mandat d'avance;

4° Bordereau détaillé de l'emploi des fonds avancés, visé par l'ordonnateur et appuyé des pièces ci-après, savoir :

Salaires à la journée et à la tâche.

1° Rôles des journées d'ouvriers, états ou mémoires des tâcherons, attestés par le régisseur, et indiquant le prix convenu, ainsi que le nombre des journées, ou le détail des travaux effectués à la tâche;

2° Quittances des ayants droit par émargement ou séparées.

Fournitures.

1° Mémoires (T) ou factures (T) [1], attestés par le régisseur, contenant la date et le détail des livraisons en quantités et deniers et la somme à payer;

2° Certificat constatant la prise en charge des fournitures, ou indiquant le numéro d'inscription sur l'inventaire ou le catalogue des objets qui en sont susceptibles;

3° Quittance de l'ayant droit;

Et, dans le cas où les travaux ou fournitures seraient exécutés en vertu d'adjudications ou de marchés :

Les mêmes pièces exigées pour les fournitures et les travaux.

Nota. — Lorsqu'il est délivré successivement plusieurs mandats d'avances, on produit à l'appui de la première avance toutes les justifications indiquées ci-dessus; pour les avances suivantes, les justifications nos 3 et 4 sont seules

(1) Pour les paiements faits en régie ou à titre d'avance, les factures et mémoires rédigés et acquittés à une seule et même date ne doivent pas être considérés comme des titres de créance donnant ouverture au timbre de dimension, mais comme de simples quittances constituant des pièces libératoires et passibles seulement du timbre de 10 centimes. (Décision du ministre des finances du 14 septembre 1881.)

produites, et il suffit de rappeler le numéro, la date et les références budgétaires et d'exercice des ordonnances ou mandats à l'appui desquels les justifications nos 1 et 2 ont été transmises, ainsi que la date et le lieu du paiement.

Pour toutes les avances, excepté la première, le bordereau d'emploi des fonds doit relater la situation des avances antérieures.

371

TRAVAUX POUR DÉCORATION DES MONUMENTS, ETC. (B.-A.)

Honoraires aux architectes.

1° Décompte ou mémoire (T);

2° Quittance.

Peintures et ouvrages d'art confiés à des artistes.

Paiement unique ou intégral :

1° Décision ministérielle;

2° Certificat de livraison;

3° Quittance.

Acomptes :

1° Décision ministérielle (au 1er acompte);

2° Certificat d'avancement;

3° Quittance.

Soldes :

1° Certificat de livraison;

2° Quittance.

Subventions aux communes.

1° Décision ministérielle;

2° Certificat de l'ingénieur ou de l'architecte constatant que les travaux sont exécutés ou en cours d'exécution;

3° Quittance à souche du receveur municipal.

Souscriptions aux monuments.

1° Décision ministérielle;

2° Quittance du trésorier de l'association;

3° Certificat de la commission de souscription (T), visé par l'ordonnateur, constatant le degré de l'exécution ou l'achèvement des travaux.

372

TRAVAUX D'ENTRETIEN (A. E.)

Pas de marché pour les travaux d'entretien, quelle que soit la somme, exécutés à prix de règlement.

373

VIVRES (G.)

SERVICE DES VIVRES A L'INTÉRIEUR, EN ALGÉRIE ET EN TUNISIE

Personnel d'exploitation.

Salaire des ouvriers civils, primes de travail et gratifications aux ouvriers militaires d'administration :

Feuilles de journées émargées par les parties prenantes ou extrait du registre-contrôle mentionnant :

1° Pour les ouvriers d'administration : le nom de chaque intéressé; le grade ou l'emploi; la date du premier rengagement; le nombre d'heures de travail pendant le mois; le montant en argent des primes dues;

2° Pour les ouvriers civils : le nom de chaque intéressé; le nombre d'heures de travail pendant le mois; le montant en argent des salaires et des gratifications dus; les sommes à verser à la caisse de la vieillesse; le net à payer.

Les primes de travail et les gratifications allouées aux ouvriers militaires d'administration ne sont pas assujetties au timbre-quittance de 0 fr. 10 c., quel que soit leur montant.

Matériel d'exploitation. — Fournitures, travaux et transports. Achats par commission.

Premier paiement de l'exercice à titre d'avance :

1° Copie de l'ordre du ministre ou du fonctionnaire de l'intendance autorisant l'avance et indiquant approximativement le montant de la dépense à faire;

2° Quittance sur le mandat.

Avances subséquentes :

1° Demande d'avance établie par le commissionnaire et arrêtée par le fonctionnaire de l'intendance;

2° Décompte en quantités et en deniers du service fait, contenant en outre l'évaluation de la portion du service restant à faire et pour laquelle une nouvelle avance est demandée. Ce décompte est établi par le commissionnaire, certifié par le comptable et arrêté par le fonctionnaire de l'intendance;

3° Quittance sur le mandat.

Paiement pour solde du service fait :

1° Facture (T) établie par le commissionnaire, revêtue de la prise en charge par le comptable des subsistances, vérifiée et arrêtée par le sous-intendant militaire, rappelant par dates et numéros de mandats les sommes ordonnancées à titre d'avances et faisant ressortir le solde à payer ;

2° Récépissés comptables, si les livraisons ont été effectuées en plusieurs fois;

3° Quittance sur le mandat.

Honoraires, vacations, frais d'expertise, etc.

1° Mémoire (T) revêtu du certificat d'exécution du service;

2° Quittance sur le mandat.

Si la dépense est acquittée par l'officier d'administration comptable : quittance sur la facture.

Frais d'adjudication, d'impression, d'insertion, etc.

1° Facture (T) revêtue du certificat d'exécution;

2° Quittance sur le mandat.

Si la dépense est acquittée par l'officier d'administration comptable : quittance sur la facture.

Frais de transport par mer et dépenses accessoires de débarquement du matériel et des denrées du service des subsistances (vivres et fourrages) en provenance de l'étranger.

1° Connaissement portant acquit du transporteur;

2° Traduction du connaissement, s'il y a lieu;

3° Certificat du cours du change dans le port, au jour du paiement;

4° Procès-verbal de reconnaissance du matériel ou de la denrée au débarquement;

5° Factures, mémoires, etc. (T), quittancés par les créanciers réels pour les dépenses accessoires du débarquement.

Avances de frais de timbre et d'enregistrement de marchés, sauf imputation ultérieure aux fournisseurs ou entrepreneurs.

État des sommes payées à ce titre, certifié par le comptable et arrêté par le sous-intendant militaire.

Frais d'éclairage des manutentions militaires; fourniture d'eau potable.

1° Convention (T) portant la mention de l'enregistrement;

2° Facture (T);

3° Certificat d'exécution du service;

4° Quittance sur le mandat.

Si la dépense est acquittée par l'officier d'administration comptable : quittance sur la facture.

Droits de douane, d'entrée, d'octroi, etc.

Quittances à souche délivrées par les receveurs de ces droits;

Et de plus, si la dépense est acquittée sur mandat du fonctionnaire de l'intendance et non par l'officier d'administration comptable : quittance sur le mandat.

Dépenses pour passe de sac, nourriture des chats et autres dépenses de peu d'importance payables par les officiers d'administration comptables.

Relevé appuyé autant que possible des factures (T) quittancées ou des quittances des créanciers réels.

Ce relevé est certifié par le comptable et arrêté par le sous-intendant militaire.

SERVICE DES VIVRES EN CAMPAGNE

Fournitures, travaux et transports. — Fournitures, travaux, dépenses diverses sans marché préalable (1)

1° Facture (T) ou mémoire (T) établi par le créancier et revêtu de la déclaration d'exécution ou de prise en charge, vérifié et arrêté par le fonctionnaire de l'intendance;

2° Récépissés comptables s'il y a plusieurs livraisons;

3° Ordre de commande;

4° Quittance sur le mandat.

---

(1) Quand ces dépenses ne sont pas acquittées par le comptable.

Achats par commission.

Mêmes justifications que celles exigées pour les achats par commission à l'intérieur.

Frais de location de magasins et de locaux divers.

1° Copie ou extrait des baux;
2° Quittance du propriétaire.

Remboursement de droits de douane, d'entrée, d'octroi, etc.

Quittances à souche délivrées par les receveurs de ces droits.

Transports sur les annexes.

1° Copie ou extrait du marché si une convention a été passée;
2° Lettre de voiture contenant le certificat de « Vu arrivé »;
3° Facture (T) quittancée ou quittance du créancier réel.

Frais d'insertion et de publication, frais d'impression.

Facture (T) quittancée ou quittance du créancier réel revêtue du certificat d'exécution.

Fournitures et travaux exécutés par les fournisseurs ou entrepreneurs et dont le paiement est confié aux comptables.

1° Facture (T) quittancée ou quittance de l'entrepreneur ou du fournisseur, revêtue de la déclaration de la bonne exécution, soit des travaux, soit du service;
2° Extrait de l'ordre ou de la copie prescrivant au comptable d'acquitter la dépense.

Avances de frais de timbre et d'enregistrement de marchés, sauf imputation ultérieure aux fournisseurs et entrepreneurs.

État trimestriel des sommes payées à ce titre par le comptable et arrêté par le sous-intendant militaire.

Achats sur prix fixés à l'avance.

Facture (T) quittancée ou quittance extraite d'un carnet à souche et mentionnant la prise en charge.

Réquisitions de denrées et de combustibles transformées en achat, demi-journées de nourriture chez l'habitant.

1° Facture (T) quittancée ou quittance extraite d'un carnet à souche;

2° Certificats de demi-journée de nourriture.

Service par entreprise.

1° A L'INTÉRIEUR, EN ALGÉRIE ET EN TUNISIE

En plus des justifications ordinaires, il est produit en outre, à l'appui des paiements pour solde de service fait, un bordereau trimestriel de distribution établi par l'entrepreneur, vérifié et arrêté par le fonctionnaire de l'intendance militaire, et en fin de service, il y a lieu d'ajouter aux justifications indiquées[1] :

1° Procès-verbal de remise des locaux occupés par l'entrepreneur, faisant connaître les dégradations constatées à sa charge, avec l'évaluation du montant des réparations à exécuter;

2° Mêmes justifications en ce qui concerne les objets mobiliers reçus de l'État, ou déclaration du sous-intendant mi-

(1) A l'appui de la première facture, si des bâtiments de l'État sont mis à la disposition de l'entrepreneur, il doit être établi la preuve non seulement de l'existence d'une police d'assurance, mais encore du paiement de la prime.

litaire portant que l'entrepreneur n'a pas occupé de locaux ou reçu de mobilier appartenant à l'État.

2° EN CAMPAGNE

Premier acompte de l'exercice :

1° Copie du marché ou de la convention qui a réglé le prix de la fourniture;

2° Décompte en quantités et en deniers du service fait, vérifié et arrêté par le fonctionnaire de l'intendance militaire;

3° Quittance sur le mandat.

Acomptes subséquents :

1° Décompte comme ci-dessus;

2° Quittance sur le mandat.

Paiement pour service fait :

1° Facture (T) trimestrielle, vérifiée et arrêtée par l'intendance militaire, rappelant par dates et numéros de mandats les sommes ordonnancées à titre d'acomptes en faisant ressortir le solde à payer;

2° Récépissés comptables;

3° Quittances sur le mandat.

Prestations en nature fournies en vertu de réquisitions (nourriture journalière des militaires chez l'habitant, vivres pour l'armée, moulins et fours, etc.) [1].

1° État des sommes dues aux intéressés;

2° Prise en charge des denrées ou matières par un comptable de l'administration. Certificats constatant l'exécution des services requis, procès-verbaux ou, à défaut, extraits des décisions de l'autorité militaire compétente;

---

(1) Les procès-verbaux, certificats, significations, contrats, quittances et autres actes faits en vertu de la loi du 3 juillet 1877 sur les réquisitions militaires, et exclusivement relatifs au règlement de l'indemnité, seront dispensés du timbre et enregistrés gratis, lorsqu'il y aura lieu à la formalité de l'enregistrement.

3° Émargement portant quittance des intéressés sur l'état des sommes dues;

4° Quittance à souche du receveur municipal;

5° Quittance sur le mandat.

374

VOITURES

La location d'une voiture, pour satisfaire aux obligations que le service public impose au ministre, présente le caractère d'une dépense privée et ne peut être imputée sur un chapitre du budget(1).

(1) Lettre de la Cour des comptes au ministre des finances du 4 mars 1881.

CHAPITRE IV

RENSEIGNEMENTS DIVERS

375

3 P. 100 AMORTISSABLE

Les pièces justificatives des droits des tiers doivent être rattachées au paiement [1].

La loi du 11 juin 1878, qui autorise les caisses d'épargne à acheter pour leurs déposants des rentes 3 p. 100 amortissables, leur donne implicitement qualité pour toucher le capital des inscriptions sorties au tirage [2].

La quittance libératoire d'une rente 3 p. 100 amortissable appartenant au service local d'une colonie ne peut être donnée que par le trésorier colonial [3].

Titres appartenant à des hospices.

A produire :

Délibération de la commission administrative avec approbation préfectorale ;

Quittance à souche du receveur.

---

(1) Note du Contentieux du 15 février 1886 approuvant une injonction de la Cour des comptes.

(2) Rapport du Ministre des finances du 19 mars 1880.

(3) Note de la Comptabilité publique du 10 août 1882.

Titres portant mention d'affectation spéciale.

(*A charge de fonder un lit, etc.*)

A produire :

Arrêté préfectoral visé sur le titre pour déterminer s'il doit y avoir remploi de fonds.

Pour les titres appartenant à des femmes mariées, le contrat de mariage doit être produit même pour un remboursement inférieur à 500 fr., lorsqu'il s'agit d'une portion de titre d'une somme plus considérable.

Une circulaire de la Comptabilité publique et de la Dette inscrite du 31 mars 1890 détermine les pièces à fournir pour le remboursement des rentes 3 p. 100 amortissables sorties au tirage :

1° Le titulaire possédant librement et se présentant personnellement joindra à son titre une demande de remboursement sur laquelle sa signature sera certifiée par un notaire ou un agent de change. Dans les départements, les demandes de remboursement seront revêtues du visa du receveur des finances ;

2° Toute demande déposée par un tiers sera appuyée d'une procuration notariée en brevet ou d'une procuration sous seing privé, dûment certifiée et légalisée pour les rentes de 45 fr. et au-dessous.

La procuration devra être notariée en minute si la rente est supérieure à 45 fr. ;

3° Pour les rentes grevées d'usufruit, la demande de remboursement sera faite par l'usufruitier de concert avec le nu propriétaire ;

4° Les changements de qualité seront constatés, savoir : la majorité, par un extrait de l'acte de naissance ; le mariage, par un extrait de l'acte civil qui en atteste la célébration.

Quant aux viduités, aux séparations de biens ou de corps, aux divorces, aux cas d'absence, ils entraînent la production d'un certificat de propriété dans les conditions déterminées par la loi du 28 floréal an VII ;

5° En cas de décès du titulaire, la même justification sera exigée de ses représentants. A l'appui de ces certificats de propriété, on réclamera, s'il y a lieu, le certificat de l'enregistrement prescrit par la loi du 8 juillet 1852 ;

6° Si la rente est frappée de dotalité ou soumise à une condition de remploi ou d'indisponibilité quelconque, le Trésor ne saurait se libérer valablement qu'en se conformant aux clauses du contrat. Il y aura lieu alors de demander la preuve du remploi ou un jugement passé en force de chose jugée nommant un séquestre chargé de toucher les fonds et d'en surveiller le remploi dans les conditions prescrites par le contrat de mariage ou par tout autre acte ;

7° Les justifications à exiger pour les capitaux revenant à des mineurs sous tutelle ou sous l'administration légale de leur père, à des mineurs émancipés ou à des interdits, découlent de la loi du 27 février 1880 et de la circulaire interprétative du garde des sceaux du 20 mai suivant;

8° L'héritier bénéficiaire qui, aux yeux de la loi, réunit la double qualité de liquidateur et d'administrateur, a le pouvoir de toucher sans formalités les capitaux devenus exigibles. Il n'a à justifier d'aucune autorisation de justice, ni d'aucun acte de renonciation au bénéfice d'inventaire;

9° Si, depuis l'immatriculation de la rente, le titulaire a été interdit ou pourvu d'un conseil judiciaire, ou s'il lui a été donné un nouveau tuteur, la demande sera appuyée des actes ayant nommé soit le tuteur à l'interdiction, soit le conseil judiciaire, soit l'administrateur provisoire ou le nouveau tuteur.

Les actes à produire en pareil cas consistent généralement en expéditions d'arrêts de cours d'appel, de jugements de tribunaux civils, de jugements rendus en justice de paix ou de délibérations de conseils de famille.

Comme ces pièces doivent être utilisées en dehors du département d'origine, il est nécessaire que les signatures des greffiers y soient légalisées. Elles peuvent l'être utilement :

1° Par les présidents des cours d'appel sur les expéditions d'arrêts;

2° Par les présidents des tribunaux civils sur les expéditions des jugements;

3° Par les juges de paix sur les expéditions émanant de leurs greffes (jugements ou délibérations des conseils de famille).

376

AVANCES (RÉGISSEURS, AGENTS COMPTABLES, ETC.)

Les mandats délivrés à titre d'avances au nom des régisseurs sont dispensés du visa des oppositions, à charge par la caisse centrale de transmettre au bureau des oppositions la liste des régisseurs en fonctions [1].

Par divers arrêts (notamment des 24 novembre 1881, 5 avril 1882 et 31 juillet 1884), la Cour des comptes a enjoint aux agents des services régis par économie de ne procéder au paiement à des sociétés ou à des mandataires, cessionnaires, etc., que sur la production de pièces justificatives, tant de l'existence régulière de ces sociétés que des pouvoirs des personnes autorisées à signer les acquits.

Les agents des services régis par économie ne doivent procéder au paiement des dépenses qu'après s'être assurés qu'il n'existe aucune opposition sur le créancier.

Pour les paiements faits en régie à titre d'avances, les factures ou mémoires acquittés à une seule et même date ne doivent pas être considérés comme des titres de créances

(1) Lettres du Contentieux et de la Caisse centrale des 20 décembre 1889 et 9 janvier 1890.

donnant ouverture au timbre de dimension, mais comme de simples quittances constituant des pièces libératoires et passibles seulement du timbre de 10 centimes (1).

Il peut être fait plusieurs avances indépendantes au même régisseur pour le même service.

377

CERTIFICATS DE COUTUME

Les certificats de coutume sont généralement délivrés par les ambassadeurs, consuls, chanceliers, présidents de tribunaux ou magistrats compétents pour les attestations et constatations ayant trait aux lois et usages de leur pays.

Ni les solicitors, ni les notaires anglais n'ont qualité pour délivrer les certificats de coutume. Ce droit a été attribué au conseil de l'ambassade française à Londres, agissant de concert avec un avocat anglais.

378

CONSEILS D'ADMINISTRATION (G.)

Les comptables peuvent s'abstenir d'exiger les pièces justificatives des droits des créanciers, lorsqu'ils remboursent des paiements effectués par les conseils d'administration (2).

379

ENREGISTREMENT

Par décision du ministre des finances du 18 avril 1884, il a été reconnu que la production d'un acte devant les comptables du Trésor n'a pas le caractère de l'usage devant une

---

(1) Décision du Ministre des finances du 14 septembre 1881.

(2) Circulaire de la Comptabilité publique du 17 mai 1873.

autorité constituée dans le sens de l'article 23 de la loi du 22 frimaire an VII.

Les procurations sous seing privé ne sont pas assujetties à l'enregistrement [1].

Il a toujours été reconnu que la production d'un écrit dans un simple intérêt de justification de comptabilité, soit devant le conseil de préfecture, soit devant la Cour des comptes, n'équivaut pas à l'usage prévu par les lois fiscales. Cette interprétation, admise par l'administration de l'enregistrement, en matière de droits d'enregistrement, s'applique également aux droits de timbre.

Les quittances notariées données par des illettrés sont exemptes d'enregistrement [2].

Un certificat de propriété produit à l'appui d'un ordre de paiement du service local doit être enregistré.

L'enregistrement d'un certificat de propriété, délivré par un notaire pour toucher un mandat sur le Trésor ayant pour objet une somme due aux héritiers d'un fournisseur de l'armée, est obligatoire [3].

Les traités passés entre le service de la guerre et les départements et communes au sujet de l'entretien des chemins stratégiques sont exempts du timbre et de l'enregistrement [4].

L'enregistrement n'est pas obligatoire pour les actes passés à l'étranger [5].

La loi du 30 novembre 1894 contient diverses exemptions de timbre et d'enregistrement pour la constitution et la dissolution des associations de construction ou de crédit ayant

(1) Décision du Ministre des finances du 28 avril 1884. — Circulaire de la Comptabilité publique du 6 février 1892.

(2) Décret du Ministre des finances du 27 avril 1858. — Circulaire de la Comptabilité publique du 24 août 1883.

(3) Note de l'Enregistrement du 16 décembre 1895.

(4) Décision du Ministre des finances du 14 juin 1878.

(5) Décision ministérielle du 8 avril 1884.

pour objet de faciliter l'achat et la construction des habitations à bon marché.

Les procès-verbaux, certificats, significations, jugements, contrats, quittances et autres actes faits en vertu de la loi du 3 juillet 1877 sur les réquisitions militaires et exclusivement relatifs au règlement de l'indemnité, seront dispensés du timbre et enregistrés gratis, lorsqu'il y aura lieu à la formalité de l'enregistrement (1).

L'acte qui constate une transaction est dispensé d'enregistrement comme acte administratif ne contenant qu'une obligation de sommes (2).

Les ordonnances et décisions du juge-commissaire en matière de faillite sont affranchies des droits de timbre et d'enregistrement et dispensées même de la formalité (3).

380

EXTRAITS DE PIÈCES DÉPOSÉES

Quand les pièces constatant l'identité des créanciers, les pièces d'hérédité et autres analogues ont été produites à un comptable du Trésor, les paiements ultérieurs peuvent être faits par tous les autres comptables sur la production d'un certificat émané de celui qui est détenteur des pièces originales.

Tout comptable qui a entre les mains, soit les pièces originales, soit un extrait authentique de ces pièces, doit en prendre note pour dispenser les parties prenantes d'une nouvelle production, et se borner à mettre sur les mandats une mention de référence (4).

---

(1) Loi du 18 décembre 1878 déclarée exécutoire en Algérie par décret du 5 juillet 1893.

(2) Note de l'Enregistrement du 22 avril 1886.

(3) Loi du 26 janvier 1892. — Circulaire de la Dette inscrite du 24 décembre 1892.

(4) Note de la Comptabilité publique du 19 mai 1880.

Ces dispositions ne sont pas rigoureusement applicables à un receveur municipal.

381

IMPRESSIONS

L'Imprimerie nationale est chargée exclusivement d'exécuter toutes les impressions nécessaires au service des divers départements ministériels ou ordonnées par les administrations centrales à Paris, dont la dépense est imputable au budget de l'État.

Il pourra être dérogé exceptionnellement aux prescriptions qui précèdent sur la demande expresse d'un ministre. Cette dérogation, toutefois, ne pourra avoir lieu que sur l'autorisation du garde des sceaux, rendue après l'avis de la commission consultative instituée auprès du ministre de la justice (1).

Les impressions du dépôt de remonte à Paris et les affiches concernant l'appel de la réserve de l'armée active doivent être fournies par l'Imprimerie nationale (2).

L'impression des brevets d'invention, quelle que soit la forme de la publication, appartient à l'Imprimerie nationale (3).

Les impressions suivantes sont autorisées en dehors des ateliers de l'Imprimerie nationale par arrêtés du garde des sceaux :

Agriculture.

Impressions nécessaires au service de la 1re conservation des forêts. . . . . Arrêté du 12 juin 1893.

---

(1) Décret du 28 août 1889.
(2) Notes de la Comptabilité publique des 17 avril et 11 mai 1891.
(3) Arrêté du Garde des sceaux du 18 juillet 1898.

Colonies.

Bulletin officiel du Ministère. . . . . Arrêté du 24 décembre 1897.

Commerce.

Moniteur officiel du commerce. . . . . . . — 26 avril 1895.
Bulletin officiel de la propriété industrielle et commerciale. . . . . — 25 avril 1896.

Guerre.

Bulletin officiel du Ministère de la guerre . — 10 mars 1891.
Revue du service de l'intendance. . . . . . — 19 décembre 1891. — 24 décembre 1897.
Impressions exécutées par les ordres et pour le service du gouvernement militaire de Paris . . . . — 22 décembre 1892.
Recueil de mémoires et d'observations sur l'hygiène et la médecine vétérinaires. . . — 16 mai 1890. — 30 novembre 1895.
Revue du Génie. . . . . — 23 avril 1895.

Instruction publique, Beaux-Arts, Cultes.

Bulletin mensuel des publications étrangères . . . . — 28 mars 1891.
Bulletin astronomique . . . . — 12 juin 1893.
Comptes rendus des séances hebdomadaires de l'Académie des sciences . . . . — 12 juin 1893.
Annales de l'observatoire de Meudon. . . . — 31 mai 1894.
Annales de l'observatoire de Paris. . . . . — 31 mai 1894.
Annales du bureau central de météorologie. — 31 mai 1894.
Institut de France . . . . — 31 mai 1894.
Catalogues d'étoiles. . . . . — 31 mai 1894.
Annales du Bureau des longitudes. . . . . — 4 janvier 1895.
Publications de l'École des langues orientales. — 21 juin 1895.
Travaux de la section des sciences historiques et philologiques de l'École pratique des hautes études. . . . . — 25 avril 1896.
Recueil des lois et règlements relatifs à l'enseignement supérieur . . . . — 25 avril 1896.
Bulletin des sciences mathématiques publié par l'École pratique des hautes études . . — 24 décembre 1897.

Justice.

Table décennale du Recueil des arrêts . . . — 23 avril 1895.

Marine.

Annuaire de la marine	Arrêté du	31 mai 1894.
Revue maritime	—	4 janvier 1895.
Inventaire des archives de la marine. . . .	—	4 janvier 1895.

Postes et télégraphes.

Liste des abonnés aux réseaux téléphoniques de Paris et des départements. . . .	—	10 mars 1891.

Travaux publics.

Résumé annuel des observations centralisées par le service hydrométrique sur les cours d'eau et les pluies	—	21 juin 1895.
Bulletin de statistique graphique.	—	30 novembre 1895.
Carte de France au $\frac{1}{200.000}$	—	19 juin 1896.
Carte des chemins de fer français.	—	24 décembre 1897.
Planches relatives aux ports de la côte atlantique de l'Amérique septentrionale	—	24 décembre 1897.
Carte des principales voies et communications de France à l'échelle de $\frac{1}{500.000}$	—	23 décembre 1898.
Répertoire graphique des repères de nivellement général de la France (texte et carte).	—	avril 1899.

La Direction de l'enregistrement et des domaines à Paris, ainsi que l'Atelier général du timbre, considérés comme services extérieurs, ne seront pas astreints à recourir à l'Imprimerie nationale pour celles de leurs impressions qui constituent des instruments de publicité ou des mémoires à produire devant le tribunal de la Seine dans les instances suivies par l'enregistrement [1].

L'École supérieure de guerre est autorisée à s'adresser à l'industrie privée pour ses fournitures d'impression [2].

---

(1) Note de l'Enregistrement du 15 février 1893.

(2) Note du Ministère de la guerre du 12 mai 1891.

382

INDEMNITÉS DE ROUTE

Il n'y a pas lieu à inscription sur les livrets de solde des sommes payées au titre de frais de route [1].

383

JUGEMENTS

Les jugements qui statuent sur des points litigieux se divisent en jugements contradictoires, en jugements par défaut faute de comparaître et en jugements par défaut faute de plaider.

Selon l'article 443 du Code de procédure civile, les délais pour interjeter appel sont de deux mois à compter du jour de la signification à personne ou à domicile pour les jugements contradictoires, à compter du jour où l'opposition n'est plus recevable pour les jugements par défaut; or, l'opposition est recevable selon l'article 158 jusqu'à l'exécution du jugement, exécution qui ne peut résulter que d'un des actes énoncés à l'article 159.

Toutefois, pour les jugements par défaut faute de plaider l'opposition n'est recevable que pendant huitaine à partir de la signification à avoué (art. 157). Il arrive rarement que dans ce cas le jugement soit signifié à la partie avant l'expiration de huitaine; cependant, il pourrait arriver que le jugement signifié à avoué le 1er du mois l'ait été à la partie le 3, par exemple; alors le délai d'appel ne pourrait courir qu'à l'expiration du délai de huitaine et non à partir du 3.

Il est généralement admis qu'en matière de commerce, les

(1) Note du Ministère de la guerre du 9 avril 1889.

distinctions ci-dessus établies subsistent également, bien que le ministère d'avoué n'existe pas au tribunal de commerce. Dès lors, le défendeur comparaissant en personne ou par mandataire sans accepter le débat au fond, le délai d'appel courrait contre lui à l'expiration de la huitaine de la signification qui lui serait faite. (Ce point est toutefois controversé.)

Il y a des jugements par défaut qui ne sont pas susceptibles d'opposition, ce sont ceux rendus après réassignation (art. 153). Dans ce cas, le délai d'appel part du jour de la signification du jugement à personne ou à domicile.

Les délais d'appel sont obligés pour certaines affaires, notamment en matière d'ordre, de contribution, de justice de paix, d'expropriation, de référé et en matière de faillite; pour ces délais, il suffit de consulter les chapitres des codes ou les lois spéciales qui régissent ces sortes d'affaires.

L'article 156 du Code de procédure civile qui déclare non avenus les jugements par défaut faute d'exécution dans les six mois, n'est pas applicable aux jugements de justice de paix, attendu que cet article se trouve au titre du tribunal de première instance et qu'il n'a été étendu que par une disposition spéciale de l'article 643 du Code de commerce.

L'ordonnance de référé n'est pas susceptible d'opposition. Il doit en être interjeté appel dans la quinzaine de la signification.

Si un procès-verbal de carence suffit pour mettre un jugement par défaut à l'abri de la péremption, il ne saurait être considéré comme un acte d'exécution rendant irrecevable l'opposition, alors qu'il n'a pas été dressé contradictoirement avec la partie condamnée (1).

Voir : **Oppositions.**

(1) Arrêt de la Cour de Montpellier du 21 mars 1891.

384

OPPOSITIONS

Le comptable, entre les mains duquel il a été mis opposition au paiement des sommes dues par l'État, ne peut s'en dessaisir jusqu'à ce qu'on lui ait produit soit une mainlevée de l'opposition, soit une décision judiciaire ordonnant la remise des sommes saisies au créancier opposant.

En principe, les sommes dues aux créanciers de l'État sont saisies en totalité. Toutefois, il a été fait exception pour les travaux publics (Loi du 26 pluviôse an II); pour les traitements (Lois des 21 ventôse an IX et 12 janvier 1895), et pour les pensions (Lois des 8 avril 1831 et 9 juillet 1853).

Toutes saisies-arrêts ou oppositions sur des sommes dues par l'État, toutes significations de cession ou transport desdites sommes et toutes autres ayant pour objet d'en arrêter le paiement doivent être faites, sous peine de nullité, entre les mains des payeurs, agents ou préposés sur les caisses desquels les ordonnances ou mandats sont délivrés (1).

Une décision du ministre du Trésor public du 22 novembre 1804 stipule que l'opposition faite entre les mains d'un payeur ne peut porter sur les paiements qu'un autre payeur aurait à faire. C'est au créancier à fournir entre les mains de cet autre payeur une nouvelle opposition.

A Paris, et pour tous les paiements à effectuer par le caissier-payeur central du Trésor public, les oppositions doivent être exclusivement faites entre les mains du conservateur des oppositions au ministère des finances.

Aux termes d'une circulaire de la Comptabilité publique du 15 mai 1858, les oppositions affectant les créanciers des

(1) Loi du 9 juillet 1836, art. 13.

régies doivent être signifiées entre les mains des régisseurs. Exception est faite pour les régisseurs de la guerre; conformément à la circulaire de la Comptabilité publique du 20 décembre 1842, les oppositions doivent être signifiées aux payeurs.

L'article 14 de la loi du 9 juillet 1836 portant que les saisies-arrêts, oppositions et significations relatives aux sommes dues par l'État, n'auront d'effet que pendant cinq années à compter de leur date, si elles n'ont pas été renouvelées pendant ledit délai, n'est pas applicable aux oppositions faites au paiement des sommes dues par les départements.

La mainlevée amiable ne peut être donnée que par un acte notarié, enregistré et légalisé s'il y a lieu. Si l'acte est en minute, la production d'une expédition suffit; s'il est en brevet, il est nécessaire de rapporter en outre l'exploit original de l'opposition.

Le payeur ne doit exécuter un jugement contradictoire portant mainlevée d'opposition que sur la production des pièces suivantes :

1° La grosse du jugement (ou une expédition en forme, si le jugement ne reçoit pas sa complète exécution par le fait du paiement);

2° Un certificat de l'avoué de la partie poursuivante, légalisé, s'il y a lieu, et contenant la date de la signification du jugement faite tant à l'avoué qu'à la partie, à personne ou à domicile;

3° L'attestation du greffier, également légalisée, s'il y a lieu, constatant qu'il n'existe contre le jugement aucun appel.

La production de cette pièce est également nécessaire quand il s'agit de l'exécution des ordonnances de référé, ainsi que des jugements rendus par les tribunaux de commerce et les juges de paix, ou quand bien même la cause ne paraîtrait pas de nature à subir un second degré de juridiction ou que les parties auraient consenti à être jugées sans appel.

Les certificats de non-opposition ni appel doivent être réclamés même pour les jugements déclarés exécutoires par provision et nonobstant appel.

Lorsqu'un jugement par défaut a été rendu contre la partie seule, faute de comparaître, il y a lieu de produire :

1° L'original de la signification faite, par un huissier commis, à personne ou à son domicile réel et, en cas de domicile inconnu, au parquet du procureur de la République ;

2° Un certificat de l'avoué constatant la date de la signification de ce jugement à la partie condamnée ;

3° Un acte d'exécution contre la partie condamnée suivant le mode prescrit par l'article 159 du Code de procédure civile, ou au moins un procès-verbal de perquisition ou de carence (ledit acte ou procès-verbal intervenu dans les six mois de la date du jugement) ;

4° Un certificat du greffier constatant qu'il n'existe contre ce jugement ni opposition ni appel.

L'opposition contre le jugement est recevable jusqu'à l'exécution.

Le jugement est périmé et sera considéré comme non avenu s'il n'a point été exécuté dans les six mois de son obtention.

Si le jugement par défaut a été obtenu contre une partie ayant constitué avoué, l'opposition contre ce jugement n'est recevable que pendant la huitaine de la signification faite à l'avoué. Le payeur peut l'exécuter sur la production des certificats de signification à avoué et à partie, ainsi que de non-opposition ni appel.

Les jugements prononçant des défauts profit joint (art. 153 du Code de procédure civile) sont considérés comme des jugements contradictoires.

Les certificats négatifs délivrés par le greffier doivent être postérieurs à l'expiration des délais d'opposition et d'appel.

Le délai de l'appel pour les jugements par défaut ne court qu'à partir du jour où l'opposition n'est plus recevable.

L'exécution des arrêts est soumise aux mêmes formalités que celle des jugements.

Le pourvoi en cassation n'est pas suspensif en matière civile; cependant, si le demandeur faisait notifier son pourvoi au payeur, avec défense d'exécuter la décision, le comptable devrait surseoir à l'exécution jusqu'à ce qu'il lui ait été rapporté mainlevée de cet empêchement.

Les payeurs ne doivent avoir aucun égard aux oppositions, saisies-arrêts et significations qui ont plus de cinq ans de date, lorsqu'elles n'ont pas été renouvelées dans ledit délai, à moins qu'il n'ait été signifié des actes, traités ou jugements intervenus entre les parties sur lesdites oppositions et significations.

Cette observation ne s'applique pas au paiement des sommes dues par les départements.

Quand le montant des oppositions est inférieur au chiffre de l'ordonnance mise en paiement, le payeur retient la somme portée dans chaque exploit d'opposition, et il paye le surplus au titulaire de la créance.

Si, au contraire, les causes des oppositions excèdent le montant de l'ordonnance, le comptable ne doit rien payer; il renvoie les parties à faire régler leurs droits amiablement ou par justice.

S'il existe à la fois des transports et des oppositions dont les causes sont inférieures à la somme ordonnancée, le comptable doit retenir le montant de toutes les oppositions, payer les transports et ne remettre au créancier de l'État que l'excédent des oppositions et transports.

S'il a été signifié des oppositions dont les unes priment

et les autres suivent les transports aussi signifiés, et que l'ordonnance mise en paiement soit inférieure au montant de toutes ces charges, il y a lieu de retenir le montant des oppositions antérieures aux transports, suivant l'ordre de leurs dates; de payer ensuite le montant des transports aussi suivant l'ordre de leurs significations et de retenir le surplus de l'ordonnance sans s'occuper des oppositions sur lesquelles les fonds manquent. Mais dans ce cas, on ne doit payer aucune des oppositions à moins que leurs droits ne soient jugés avec tous.

Toutefois, il devra être tenu compte de l'opposition lorsque l'opposant attaque la cession, de même si le créancier, sans désigner expressément l'acte de cession, s'oppose d'une manière générale à l'exécution de tout transport pouvant avoir été consenti sur la somme qu'il saisit.

Cette nouvelle jurisprudence ne paraît applicable qu'aux transports qui confèrent la saisine au cessionnaire et le rendent propriétaire de la créance; mais les actes appelés « transports à titre de garantie » n'ayant que la valeur d'un nantissement ne font pas entrer la créance dans le patrimoine du bénéficiaire et ne semblent pas l'autoriser à recevoir et à quittancer seul le mandat.

Le paiement ne devra pas non plus être fait au cessionnaire quand la somme cédée sera le gage de créanciers privilégiés; par exemple, s'il s'agit d'un cautionnement grevé d'une opposition pour sûreté d'une créance constituant un fait de charge ou d'un mandat d'acompte délivré au profit d'un entrepreneur de travaux publics. En cas de doute sur le caractère privilégié de la créance, il y aurait lieu de consulter le contentieux (1).

A l'exception des appointements et traitements civils et militaires, ainsi que des cautionnements, les sommes ordon-

(1) Circulaire du Contentieux du 31 août 1896. — Arrêt de la Cour de cassation du 17 février 1896.

nancées sur les caisses des payeurs et grevées d'opposition ne peuvent être versées à la Caisse des dépôts et consignations que dans les cas suivants :

1° Lorsque le dépôt a été autorisé par une loi;

2° Lorsqu'il a été prescrit par un jugement ou par une ordonnance du président du tribunal (il n'est pas nécessaire que le jugement soit rendu avec toutes les parties et soit signifié aux opposants; un créancier a le droit de demander la consignation dans l'intérêt de tous);

3° Lorsqu'il a été autorisé par acte passé entre l'administration et ses créanciers, par exemple, dans le cahier des charges d'une adjudication de travaux ou dans un marché passé avec un entrepreneur.

Les oppositions sur les cautionnements doivent être formées, soit au Trésor public (bureau des oppositions), soit aux greffes des tribunaux civils pour les comptables et les officiers ministériels et aux greffes des tribunaux de commerce pour les agents de change et les courtiers.

Toutefois, les oppositions ne peuvent être faites qu'au Trésor public, à Paris, en ce qui concerne : 1° les cautionnements de journaux; 2° ceux des préposés des contributions indirectes et des tabacs; 3° ceux des comptables de la guerre; 4° ceux des vice-consuls et chanceliers diplomatiques et consulaires; 5° ceux des préposés des chemins de fer de l'État.

Les oppositions faites aux greffes des tribunaux n'arrêtent que le remboursement du capital; pour arrêter aussi le paiement des intérêts, il est nécessaire qu'elles soient signifiées au bureau des oppositions à Paris.

Bien que la loi du 25 nivôse an XIII accorde un privilège de deuxième ordre aux bailleurs de fonds d'un cautionnement, néanmoins, toute opposition sur le titulaire, quelle qu'en soit la cause, empêche, jusqu'à due concurrence, le paiement entre leurs mains du capital et des intérêts.

Toutes les fois qu'un cautionnement en numéraire aura été employé en tout ou en partie à faire un paiement en exécution d'un jugement, d'une déclaration de privilège de second ordre, d'un transport ou de tout autre acte signifié au conservateur des oppositions, le payeur adressera au ministère des finances (direction du contentieux) un certificat attestant l'exécution dudit acte et relatant que les ayants droit ont donné quittance définitive.

Les payeurs, lorsqu'ils exécutent un privilège de second ordre, doivent retirer le titre délivré au bailleur de fonds. Il en est de même si l'exécution n'est que partielle, attendu qu'un nouveau titre réduit de la somme payée est délivré à chaque ayant droit aussitôt que la direction du contentieux a reçu du payeur le certificat d'exécution.

En cas de remboursement partiel, et s'il existe plusieurs bailleurs de fonds, le payeur doit indiquer la somme versée à chacun d'eux.

Conformément à l'article 16 de la loi du 9 juillet 1836, le montant des cautionnements dont le remboursement n'aura pas été effectué par le Trésor public, faute de productions ou de justifications suffisantes dans le délai d'un an, pourra être versé en capital et intérêts à la Caisse des dépôts et consignations, en y joignant, s'il y a lieu, un état délivré par le conservateur des oppositions.

Ce versement, qui libérera définitivement le Trésor, devra être autorisé par une décision judiciaire ou administrative.

Toutefois, cette autorisation n'est pas nécessaire dans le cas où la consignation a lieu aux époques réglementaires des 30 avril et 31 décembre.

Les oppositions sur les sommes dues aux adjudicataires et entrepreneurs de travaux publics ont été placées sous un régime exceptionnel par la loi du 26 pluviôse an II, modifiée par la loi du 25 juillet 1891, qui fait disparaître la distinction établie entre les travaux exécutés pour le compte de l'État et ceux exécutés pour le compte des départements et des communes, et dispose que les sommes dues aux ouvriers pour salaires seront payées de préférence à celles dues aux fournisseurs [1].

Les traitements des fonctionnaires publics et employés civils sont saisissables jusqu'à concurrence d'un cinquième sur les premiers mille francs et toutes les sommes au-dessous, du quart sur les cinq mille francs suivants et du tiers sur la portion excédant six mille francs, à quelque somme qu'elle s'élève et jusqu'à l'entier acquittement des créances [2].

Ces dispositions s'appliquent à tous les agents civils, même employés temporairement, qui reçoivent un traitement ou un salaire payé mensuellement sur les fonds de l'État ou des départements.

Les salaires des ouvriers et gens de service ne sont saisissables que jusqu'à concurrence du dixième, quel que soit le montant de ces salaires.

Les appointements ou traitements des employés ou commis et des fonctionnaires ne sont également saisissables que jusqu'à concurrence du dixième lorsqu'ils ne dépassent pas deux mille francs (2.000 fr.) par an.

Ces salaires, appointements et traitements ne pourront être cédés que jusqu'à concurrence d'un autre dixième.

Les cessions et saisies faites pour le paiement des dettes alimentaires prévues par les articles 203, 205, 206, 207, 214 et 349 du Code civil ne sont pas soumises aux restrictions qui précèdent [3].

La retenue doit être calculée sur le chiffre brut du traitement, sans déduction du prélèvement pour retraite ou pour congé.

Une circulaire de la Comptabilité publique du 31 décembre

(1) Circulaire du Contentieux du 10 novembre 1893.

(2) Loi du 21 ventôse an IX.

(3) Loi du 12 janvier 1895.

1891 fait observer qu'on doit entendre par traitement brut la somme mandatée et réellement portée en dépense et que par suite les oppositions sur les salaires des cantonniers qui supportent des déductions pour journées d'absence doivent porter sur la somme réellement payée.

La portion de traitement restée libre après la retenue pour oppositions peut elle-même être saisie pour pension alimentaire, mais seulement dans la proportion que le juge détermine.

Dans le cas où un officier, fonctionnaire, employé ou agent des services coloniaux et locaux est appelé à subir à la fois sur son traitement une retenue pour aliments, une retenue pour dettes à l'État, et une retenue au profit de tiers, l'ensemble de ces retenues ne peut excéder :

1° Les deux tiers du traitement colonial, si l'intéressé reçoit ledit traitement ;

2° La moitié de la solde dont il jouit, s'il est en service en France, en congé, en résidence libre, en disponibilité ou en non-activité.

Dans ces conditions, la retenue pour aliments s'exerce toujours intégralement.

La retenue pour dettes à l'État s'exerce en deuxième ligne dans les limites fixées par l'article 129, mais jusqu'à concurrence seulement, s'il y a lieu, de la portion saisissable de la solde.

La retenue au profit de tiers ne s'exerce que si cette portion saisissable laisse encore un disponible, et jusqu'à concurrence seulement de ce disponible [1].

Les indemnités, gratifications et autres allocations accordées aux fonctionnaires et employés sont considérées comme des accessoires des appointements fixes et sont susceptibles, comme eux, d'être grevées d'opposition. L'indemnité est

---

(1) Loi du 23 décembre 1897.

alors cumulée avec le traitement, et c'est sur la somme produite par ce cumul qu'il y a lieu d'opérer la retenue prescrite par la loi.

La portion insaisissable doit toujours rester libre pour le titulaire.

Sont insaisissables :

1° Les traitements des ambassadeurs, ministres et agents diplomatiques ;

2° Les traitements ecclésiastiques et ceux des ministres protestants.

Cette disposition s'applique à tous les cultes salariés par l'État.

Le supplément de traitement accordé par une commune au curé doit, comme le traitement lui-même, être déclaré insaisissable [1].

On peut également considérer comme insaisissables les sommes allouées, non à titre de rémunération, mais à titre de remboursement d'avances déjà faites ou de paiements relatifs à l'exécution d'un service public : telles sont les sommes mandatées pour frais fixes, pour frais de bureau, de tournées, de déplacements, de découcher, de résidence, etc.

Le pécule de réserve remis aux détenus à leur sortie de prison est également insaisissable ; il en est de même des sommes allouées aux nourrices pour la nourriture des enfants trouvés.

Suivant un arrêt de la Cour de cassation du 18 février 1895, le pécule disponible serait saisissable.

La solde arriérée ou courante des officiers et employés aux armées n'est saisissable que pour un cinquième, quel qu'en soit le montant, et lors même qu'il s'agirait d'un débet

(1) Jugement du tribunal civil de Saint-Girons du 19 janvier 1892. (Voir journal *Le Droit* du 9 septembre 1892, n° 211.)

envers l'État. Les retenues ne doivent porter que sur la solde nette.

Néanmoins, le ministre de la guerre peut ordonner d'office des retenues en sus du cinquième saisissable, lorsqu'il le juge convenable.

Les frais de service et de bureau, les indemnités de rassemblement, de vivres, de fourrages, celles de déplacement et de frais de poste, les indemnités d'entrée en campagne et de première mise d'équipement, les indemnités pour perte d'effets et de chevaux, ne sont point passibles d'oppositions, tant pour le courant que pour l'arriéré.

Les solde et traitement de réforme et leurs arrérages sont incessibles et insaisissables, excepté pour débets envers l'État et les corps, ou pour aliments.

La solde et les accessoires de solde des officiers mariniers, marins et autres, faisant partie du personnel des équipages de la flotte, en activité ou en disponibilité, sont incessibles et insaisissables, excepté dans le cas de débet envers l'État, ou pour aliments.

Toutefois, les sommes allouées aux officiers mariniers détachés à Paris, à titre de supplément de fonctions, sont considérées non comme solde ou accessoires de solde, mais comme un traitement civil et par conséquent saisissables (1).

Les payeurs versent d'office à la Caisse des consignations la portion saisissable des appointements ou traitements civils et militaires arrêtés entre leurs mains par des saisies-arrêts ou oppositions.

Les pensions payées par l'État sont incessibles.

Aucune saisie ou retenue ne peut être opérée du vivant du pensionnaire que jusqu'à concurrence d'un cinquième pour débet envers l'État ou pour des créances privilégiées, aux termes de l'article 2101 du Code civil, et d'un tiers

(1) Note du Contentieux du 1er juin 1877.

dans les circonstances prévues par les articles 203, 205, 206, 207 et 214 du même code.

Les retenues faites sur les pensions ne sont pas, comme celles faites sur les traitements, susceptibles d'être versées chaque mois par les payeurs à la Caisse des dépôts et consignations : ces retenues ne doivent être versées qu'en vertu de jugements.

L'insaisissabilité des arrérages des pensions et des traitements civils et militaires cesse à la mort du titulaire. Les sommes qui restent dues à sa succession peuvent être intégralement saisies par tous ses créanciers.

Les secours accordés par tous les ministères et considérés comme provisions alimentaires sont insaisissables, sauf pour aliments.

Cependant les ministres peuvent ordonner, pour cause de débet envers l'État, une retenue sur les secours qu'ils accordent.

Les rentes viagères pour la vieillesse sont incessibles et insaisissables jusqu'à concurrence de 360 fr. Toutefois, lorsqu'elles sont constituées par un donateur, elles peuvent être déclarées incessibles et insaisissables pour la totalité.

Les dotations du Mont-de-Milan sont insaisissables, et elles ne peuvent être déléguées que pour le paiement de créances privilégiées, aux termes de l'article 2101 du Code civil, et jusqu'à concurrence de moitié.

Les dotations sur les canaux d'Orléans et du Loing sont incessibles et insaisissables.

Il n'est point reçu d'opposition sur les rentes inscrites au grand-livre de la dette publique, ni à leurs mutations et transferts, ni au paiement de leurs arrérages, à moins qu'elles ne soient formées par les propriétaires de rentes nominatives.

Quant aux rentes au porteur, comme toutes les autres valeurs de même nature, elles ne sont susceptibles d'aucune opposition.

Voir instruction concernant les oppositions du 11 décembre 1879.

Les oppositions ne frapperont pas sur le premier douzième d'augmentation (1).

La disposition de la loi du 22 juin 1878 qui édictait l'insaisissabilité des primes de rengagement des sous-officiers n'ayant pas été reproduite dans la loi du 23 juillet 1881 qui abroge expressément la précédente, il en résulte que ces primes doivent maintenant être considérées comme saisissables (2).

En présence de divergences d'opinion et de l'incertitude manifestée par la jurisprudence, il n'y a pas lieu d'attribuer un effet rétroactif à la loi du 12 janvier 1895 (3).

La loi du 12 janvier 1895 est applicable aux traitements militaires (4).

Il ne paraît pas possible de dispenser le caissier-payeur central de réclamer les certificats de non-opposition dans tous les cas, sans exception aucune, où des ordonnancements auront été faits sur sa caisse pour des travaux exécutés et des fournitures faites dans les départements (5).

Rapport du ministre des finances du 6 décembre 1880, concernant l'envoi au caissier-payeur central de certificats de non-opposition à délivrer par les trésoriers-payeurs généraux :

1° Le caissier-payeur central devra adresser aux trésoriers-payeurs généraux les demandes de certificats de non-opposition le jour même où les ordonnances lui seront transmises par le mouvement des fonds ;

---

(1) Circulaire de la Comptabilité publique du 17 février 1887.
(2) Circulaire du Contentieux du 24 juin 1889.
(3) Circulaire du Contentieux du 24 août 1895.
(4) Note du Contentieux du 9 février 1895.
(5) Note de la Comptabilité publique du 30 juillet 1880, maintenant les prescriptions de sa circulaire du 21 août 1875.

2° Les lettres au caissier-payeur central seront visées au contrôle central ;

3° Dans le cas où les certificats de non-opposition ne seraient pas parvenus à la caisse centrale le cinquième jour de la demande, il sera passé outre au paiement aux risques et périls du trésorier-payeur général retardataire.

La péremption quinquennale est déclarée applicable aux oppositions formées en vertu de la loi du 12 janvier 1895 (1).

Les indemnités fixes et annuelles de résidence allouées à un fonctionnaire sans affectation spéciale doivent être considérées comme saisissables, parce qu'elles constituent en réalité des accessoires de traitement. Mais il en est autrement des indemnités temporaires affectées spécialement à une résidence accidentelle, lesquelles présentent le caractère d'un remboursement d'avances et sont à ce titre insaisissables (2).

Sur le point de savoir si la loi du 12 janvier 1895 cesse d'être applicable lorsque le traitement et l'indemnité réunis dépassent 2.000 fr., le Contentieux fait observer que le chiffre de la retenue ne saurait être que du dixième, puisqu'une opposition pratiquée dans la forme de la loi du 12 janvier 1895 n'est pas appelée à produire effet pour une quotité supérieure.

Les graveurs et dessinateurs de la marine et de la guerre qui touchent sur mémoires sont considérés comme des fournisseurs.

385

ORDONNANCEMENT

C'est à l'ordonnateur qu'incombe l'obligation de dénommer sur les mandats le créancier réel.

(1) Circulaire du Contentieux du 5 janvier 1900. — Avis du Garde des sceaux du 12 juin 1889. — Circulaire de la Comptabilité publique du 22 octobre 1900.

(2) Note du Contentieux du 27 novembre 1899.

Les ordonnancements doivent toujours être faits au nom des créanciers réels, quels que soient les droits que pourraient avoir des tiers sur les marchandises fournies à l'État (1).

Il est de principe que l'ordonnance soit délivrée au nom du créancier réel et l'on ne saurait reconnaître en aucune manière à l'ordonnateur le droit de désigner le signataire de l'acquit (2).

On ne saurait admettre que le transport d'une créance puisse autoriser l'ordonnancement au nom du cessionnaire (3).

Aucune disposition ne s'oppose à ce qu'un ministre charge l'un de ses chefs de service de la signature des extraits d'ordonnances (4).

386

ORDRES DE PAYEMENT DU BUDGET COLONIAL

Annulation au 30 juin de la deuxième année de l'exercice des ordres de paiement non payés (5).

387

PAYEMENT

Note de la Comptabilité publique du 16 septembre 1876, réfutant la prétention d'un créancier de l'État d'obliger le Trésor à le payer à domicile (art. 1247 du Code civil) et approuvant la prétention du caissier-payeur central de ne

(1) Lettre du Ministre des finances du 11 juin 1872.
(2) Note de la Comptabilité publique du 5 décembre 1873.
(3) Notes de l'Ordonnancement du 30 janvier 1877 et du Contentieux du 10 février 1877.
(4) Note de la Comptabilité publique du 20 septembre 1872.
(5) Circulaire du Mouvement des fonds du 21 août 1891.

payer qu'au créancier lui-même ou à un tiers dûment autorisé.

Le paiement à des tiers ou le versement à la Caisse des dépôts et consignations en l'absence du titre de créance peut être fait sur duplicata délivré par l'ordonnateur avec pièces justificatives prescrites dans les deux cas, ou, à défaut de duplicata, sur formule manuscrite remplie par le payeur (1).

Un paiement dont l'échéance tombe un jour férié peut être fait la veille (2).

388

PÉCULES DES DÉTENUS

Il n'est pas exigé de quittance notariée pour les illettrés, même lorsqu'il s'agit de paiement de soldes de pécule excédant 150 fr. (3).

389

PROFESSEURS — SUPPLÉANCES

L'article 23 de la loi du 21 mars 1885 prescrivait la retenue de 1/20 sur le traitement intégral des professeurs du Collège de France et des facultés suppléés. Le suppléant subissait la retenue du 1/20 sur la portion de traitement qu'il touchait. L'article 36 du décret du 28 décembre 1885 supprime les suppléants. De ce fait, la loi de 1885 n'a plus d'application. Exception est faite toutefois pour les profes-

---

(1) Circulaire de la Comptabilité publique du 7 décembre 1866.

(2) Note du Mouvement des fonds du 5 juin 1880.

(3) Règlement sur l'administration et la comptabilité des maisons centrales, de force et de correction de 1864.

seurs députés et sénateurs qui restent toujours sous l'application de la loi du 24 juin 1872. C'est ce que rappelle une circulaire du ministre de l'instruction publique du 30 septembre 1886. Enfin, l'article 42 de la loi du 26 février 1887 en autorisant les professeurs au Collège de France à se faire suppléer, rétablit pour ces professeurs les dispositions de la loi de 1885 relatives aux suppléances.

390

REMPLOI

Le remploi porte non sur la rente, mais sur l'intégralité du capital.

391

RÉQUISITIONS MILITAIRES

Les mandats pour indemnités dues aux habitants des communes sur le territoire desquelles se sont faites les grandes manœuvres ne peuvent être établis au nom des maires (1).

392

RESPONSABILITÉ DES PAYEURS

COUR D'APPEL DE RENNES

(1re CHAMBRE)

Audience du 30 juin 1884

« La Cour, considérant que la règle édictée par l'article 1239 du Code civil s'impose plus impérieusement peut-être en matière de comptabilité publique, et que la stricte observation en a été recommandée aux agents du Trésor par les

(1) Circulaire de la Comptabilité publique du 14 octobre 1886.

ordonnances du 3 juillet 1816 et les circulaires des 25 juillet 1832, 24 juin 1839, 30 décembre 1845 et 5 mai 1849; considérant qu'il appert de la combinaison de ces textes que le comptable public *ne peut payer qu'au créancier lui-même justifiant de ses droits ou au porteur d'un pouvoir spécial;* qu'il doit préalablement s'assurer de l'identité de la partie prenante, de l'accomplissement des formalités et de la production des justifications exigées par les règlements, qu'il répond de la validité de la signature apposée à la quittance et que, pour ce, *il est tenu de veiller à ce que cette quittance soit datée et signée en sa présence et au moment même du paiement;* qu'il est même obligé de dénoncer sous un bref délai au titulaire du mandat les irrégularités dans les documents produits.....

« Par ces motifs, etc. »

393

RETENUE DE 1 P. 100 AU PROFIT DES ASILES NATIONAUX DE VINCENNES ET DU VÉSINET

Les travaux de canalisation effectués par la compagnie du gaz sont exemptés de la retenue de 1 p. 100 [1].

Une lettre du ministre des finances du 7 décembre 1897 à tous les ministres prescrit la retenue de 1 p. 100 sur les travaux neufs et d'entretien, exécutés dans le département de la Seine, quel que soit leur mode d'exécution (adjudication, soumission, marché de gré à gré, régie, etc.), sur les travaux publics de toute nature intéressant l'État, le département de la Seine, la ville de Paris, l'administration de l'Assistance publique, le mont-de-piété, les communes et établissements publics ou hospitaliers du département. Le

(1) Note de la Comptabilité publique du 13 juillet 1899.

mot « travaux » doit être pris dans son acception la plus générique : ainsi on doit opérer la retenue non seulement sur les travaux de construction proprement dits (terrasse, maçonnerie, charpente, ferronnerie, serrurerie, menuiserie, couverture, plomberie, vitrerie, peinture), mais encore sur les travaux d'aménagement et d'entretien, impliquant ou non la fourniture de matériaux, de marchandises ou objets divers (tapisserie, chaudronnerie, fumisterie, etc.). Par contre, on ne saurait y assujettir les fournitures ordinaires qui donnent lieu à de simples livraisons et ne comportent aucune main-d'œuvre.

394

SOCIÉTÉS

L'état de mariage est incompatible avec une association entre époux : la nullité d'une association entre époux est d'ordre public (1).

L'existence d'une société entre époux même séparés de biens judiciairement conférerait à chacun d'eux une égalité de droits incompatible avec l'existence de la puissance maritale, et modifierait les rapports d'intérêts existant entre eux, contrairement à la règle de l'immutabilité des conventions matrimoniales : par suite, une telle société doit être considérée comme nulle (2).

Les formalités prescrites pour la constitution des sociétés anonymes ou en commandite par actions sont applicables en cas d'augmentation du capital social : déclaration de souscription et de versement soumise à une assemblée générale qui en vérifie la sincérité (3).

(1) Cour de cassation, Chambre des requêtes, 12 juillet 1887.
(2) Cour de cassation, Chambre civile, 7 mars 1888.
(3) Cour de cassation, Chambre des requêtes, 19 octobre 1892.

Pour la durée des pouvoirs des administrateurs d'une société anonyme, l'année doit s'entendre, non pas d'une période de 365 jours, mais de la période comprise entre deux assemblées générales constitutives (1).

Voir : **Article 143.**

395

TIMBRE DE DIMENSION

Tout acte fait ou passé dans les colonies françaises où le timbre n'a pas encore été établi, ne devient passible de l'impôt que s'il en est fait usage en France, soit dans une déclaration quelconque, soit devant une autorité judiciaire ou administrative.

Or, il a toujours été reconnu que ces dernières expressions « autorités administratives » n'étaient pas applicables aux fonctionnaires appartenant à l'administration financière (circulaire de la Comptabilité publique du 12 juillet 1876) et que la production d'un écrit dans un simple intérêt de justification de Comptabilité soit devant le conseil de préfecture, soit devant la Cour des comptes, n'équivaut pas à l'usage prévu par les lois fiscales.

Il peut être fait usage en France sans paiement de nouveaux droits de timbre de tous actes et effets venant des colonies françaises et régulièrement revêtus du timbre colonial (2).

Le droit de timbre de dimension est dû alors même que les mémoires et factures ont pour objet une somme inférieure à 10 fr. Doctrine rappelée dans une note de l'Enregistrement du 14 février 1872, conforme aux dispositions de l'instruction générale de 1859, article 1013 (3).

---

(1) Jugement du Tribunal de commerce de la Seine du 31 mars 1897.

(2) Décision du Ministre des finances du 7 juin 1861.

(3) Décrets du Ministre des finances des 17 février 1843 et 6 décembre 1850. — Loi du 13 brumaire an VII.

Les relevés d'avances faites pour travaux exécutés par les communes au compte de l'État sont exempts du droit et de la formalité du timbre [1].

Pour les paiements faits en régie et à titre d'avances, les factures ou mémoires, rédigés et acquittés à une seule et même date, ne doivent pas être considérés comme des titres de créance donnant ouverture au timbre de dimension, mais comme de simples quittances constituant des pièces libératoires et passibles seulement du timbre de 0 fr. 10 c. [2].

Les actes de sociétés passés aux colonies où il existe un timbre réduit ne sont pas soumis au supplément de timbre en France, lorsqu'ils sont produits aux comptables du Trésor.

Pour les travaux militaires exécutés par les compagnies de chemins de fer pour le compte de l'État, les pièces sont produites en duplicata, exemptes du timbre.

Les traités passés entre le service de la guerre et les départements et communes au sujet de l'entretien des chemins stratégiques sont exempts du timbre et de l'enregistrement [3].

Le timbre est exigible sur les procès-verbaux des conseils des directeurs des caisses d'épargne et de prévoyance, contenant autorisation de toucher le capital d'une rente 3 p. 100 amortissable, inscrite au nom desdites caisses [4].

La loi du 30 novembre 1894 contient diverses exceptions de timbre et d'enregistrement pour la constitution ou la dissolution des associations de construction ou de crédit ayant pour objet de faciliter l'achat et la construction des habitations à bon marché.

Les procès-verbaux, certificats, significations, jugements, contrats, quittances et autres actes faits en vertu de la loi

(1) Décision du Ministre des finances du 27 février 1880.

(2) Décision du Ministre des finances du 14 septembre 1881.

(3) Décision du Ministre des finances du 14 juin 1878.

(4) Note de l'Enregistrement du 6 août 1894.

du 3 juillet 1877 sur les réquisitions militaires, et exclusivement relatifs au règlement de l'indemnité, seront dispensés du timbre, et enregistrés gratis lorsqu'il y aura lieu à la formalité de l'enregistrement (1).

Les certificats de présence délivrés par les médecins des asiles et des maisons de santé ne sont exempts de timbre que s'ils sont délivrés à des ouvriers qui ont été soignés dans ces établissements et qui cherchent du travail. (Décision ministérielle du 27 octobre 1896.) Dans les autres cas, le timbre est exigé dans les mêmes conditions que pour les certificats de vie. (Avis de l'Enregistrement du 3 mai 1898.)

Les pièces d'hérédité d'origine étrangère (actes de décès, certificats de propriété, etc.), susceptibles d'être produites à un trésorier-payeur général, puis à la Cour des comptes comme justification de paiement d'un décompte d'arrérages dus aux héritiers d'un pensionnaire français, domicilié et décédé à l'étranger, sont exemptes de la formalité du timbre, avec cette restriction toutefois que si des traductions faites par des interprètes jurés sont déposées concurremment avec les actes passés à l'étranger, ces traductions devront être établies sur timbre (2).

Exonération du timbre de dimension sur les états nominatifs produits à l'appui de remboursements de journées de détention, mais ces états devront toujours être accompagnés d'une facture récapitulative dûment timbrée (3).

Par une décision du ministre des finances du 5 juillet 1897, les receveurs des communes et des établissements de bienfaisance sont autorisés à apposer sur les mémoires des entrepreneurs et fournisseurs des timbres mobiles de dimension. Ce soin était réservé jusqu'à présent au receveur de

---

(1) Loi du 18 décembre 1878 déclarée exécutoire en Algérie par décret du 5 juillet 1893.

(2) Note de la Comptabilité publique du 20 mars 1895. — Décision ministérielle du 17 avril 1895.

(3) Décision du Ministre des finances du 24 mai 1897.

l'enregistrement. Ces timbres peuvent être oblitérés avec la griffe « Payé » ou la griffe « R. M. » ou « R. S. » (1).

Les procurations passées devant des consuls ne sont pas passibles du timbre de dimension parce que : 1° l'acte a été passé à l'étranger; 2° ledit acte est produit à un comptable du Trésor qui n'est pas une autorité constituée dans le sens des lois des 13 brumaire et 22 frimaire an VII.

Le mémoire produit par un avoué pour la liquidation des dépens est un acte obligé de la procédure et le coût du timbre indispensable de cet acte est au nombre des déboursés dont l'Etat condamné aux dépens doit tenir compte à l'avoué. Il y a lieu de remarquer que l'intérêt du Trésor exige qu'il ne soit pas élevé de difficultés à ce sujet, puisque l'avoué aurait le droit de se faire délivrer un exécutoire au lieu de présenter un simple mémoire et que les frais de timbre, d'enregistrement et d'expédition de cet exécutoire resteraient en entier à la charge de l'État. Une décision spéciale, rendue le 10 septembre 1841 par le ministre des finances, a d'ailleurs tranché la question dans ce sens (2).

Les déclarations de versement délivrées par les comptables publics en matière de cautionnement d'entrepreneurs de travaux sont passibles du timbre de dimension. Les seuls cas où le receveur des finances est autorisé à délivrer une déclaration de versement non timbrée sont ceux où cette pièce est destinée : 1° aux ordonnateurs secondaires; 2° au receveur municipal qui a encaissé le cautionnement. Encore est-il indispensable que la déclaration de versement soit émargée d'une mention explicative en déterminant la destination (3).

En principe, les certificats de réalisation de cautionnement, de quelque nature qu'ils soient, sont passibles du

(1) Circulaire de la Comptabilité publique du 25 décembre 1897.
(2) Note de la Direction générale des forêts du 21 octobre 1873.
(3) Circulaire de la Comptabilité publique du 17 décembre 1884.

timbre de dimension comme étant délivrés à l'entrepreneur pour faire titre ou être produits en justification, demande ou défense. Si le certificat est délivré non à l'entrepreneur, mais en dehors de toute participation de ce dernier et pour le bon ordre de la comptabilité, la contribution du timbre n'est pas exigible (1).

Lorsque les tâcherons désignés sur les états dressés par les conducteurs des ponts et chaussées et visés par les ingénieurs pour le service des routes départementales doivent être payés directement par l'agent chargé de la régie, ces pièces, destinées alors uniquement à justifier de l'emploi des fonds du régisseur, sont exemptes du timbre de dimension. Mais il n'en est plus de même quand les sommes dues aux tâcherons leur sont payées par les comptables du Trésor sur mandats individuels délivrés par l'ingénieur en chef. Dans ces conditions, les états de travaux en régie, à la tâche, produits à l'appui des mandats délivrés aux tâcherons individuellement et non comme pièces justificatives de la gestion du régisseur, constituent de véritables mémoires et sont à ce titre soumis au timbre de dimension (2).

Aux termes de l'article 32 de la loi du 15 juillet 1893 sur l'assistance médicale gratuite, les certificats, significations, jugements, contrats, quittances et autres actes faits en vertu de la loi et exclusivement relatifs au service de l'assistance médicale sont dispensés du timbre. La décision du ministre des finances du 24 août 1894 étend cette exemption aux mémoires produits au bureau d'assistance médicale par les médecins, chirurgiens et sages-femmes pour leurs honoraires, par les pharmaciens et autres fournisseurs pour médicaments et appareils, par les hôpitaux pour frais de séjour des malades. Le bénéfice de l'article 32 est limité aux actes produits aux bureaux d'assistance médicale, à l'exclusion

(1) Circulaire de la Comptabilité publique du 25 février 1886.
(2) Circulaire de la Comptabilité publique du 4 mai 1885.

de ceux produits aux hôpitaux, même dans le cas où les hôpitaux recevraient des assistés. La loi du 15 juillet 1893, article 25, laisse en dehors de ces dispositions le service des vieillards ou incurables, des militaires, des enfants assistés, des maternités, des aliénés et des malades admis dans les hôpitaux en conformité de la loi du 7 août 1851 [1].

La direction de l'enregistrement, consultée au sujet d'un certificat de propriété, en brevet, délivré sur papier libre par le juge de paix de Neuilly, estime qu'il n'y a pas lieu de faire l'application de la loi du 26 janvier 1892 et que ce certificat doit être timbré, l'exemption ne visant que les extraits ou expéditions.

Les ordonnances et décisions du juge-commissaire en matière de faillite sont affranchies des droits de timbre et d'enregistrement et dispensées même de la formalité [2].

Les délibérations du conseil de famille pour les mineurs et les incapables sont dispensées du timbre [3].

Une décision de l'Enregistrement du 3 septembre 1892 a étendu aux extraits d'actes de société délivrés par les justices de paix l'exemption de timbre qui fait l'objet de la loi du 26 janvier 1892. Sous réserve, toutefois, que le dépôt des actes serait postérieur à ladite loi.

Tous les actes intéressant les sociétés de secours mutuels approuvées sont exempts des droits de timbre [4].

396

TIMBRES DE QUITTANCES

Les acquits donnés par les portiers-consignes, les ouvriers d'État et les gardiens de batterie sont exempts de timbre [5].

---

(1) Circulaire de la Comptabilité publique du 15 décembre 1896.
(2) Loi du 26 janvier 1892. — Circulaire de la Dette inscrite du 24 décembre 1892.
(3) Loi du 26 janvier 1892. — Circulaire de la Dette inscrite du 24 décembre 1892.
(4) Décret du 26 mars 1882.
(5) Circulaire de la Comptabilité publique du 21 juillet 1893.

Voir la circulaire de la Comptabilité publique du 14 avril 1872 donnant la nomenclature des quittances assujetties ou non au timbre.

Exemption de timbres sur bons du Trésor, traites du caissier-payeur central sur lui-même, traites de la marine, mandats des trésoriers-payeurs généraux, mandats de virement émis par le Trésor à raison de son compte courant avec la banque [1].

Interdiction de l'emploi des timbres mobiles de dimension et de feuille de papier de la débite au lieu et place des timbres de quittance de 10 centimes [2].

Interdiction d'ajouter le coût du timbre à toute quittance d'abonnement à des journaux [3].

Les compagnies de chemins de fer ne sont pas fondées à réclamer le prix des timbres apposés sur les justifications produites au Trésor en remboursement de dépenses faites pour le compte de l'État [4].

Une quittance pure et simple peut être rédigée sur papier timbré de dimension et ne saurait en cet état donner ouverture à la perception d'un second droit de 10 centimes [5].

Les quittances délivrées par les receveurs municipaux pour subventions à des communes pour achèvement de chemins vicinaux sont passibles du droit de 25 centimes.

Exemption de timbre pour les sous-officiers et préposés des douanes [6].

Exemption de timbre pour les acquits des sommes versées à titre de secours aux familles des soldats de la réserve et de l'armée territoriale, sans obligation de constater l'indigence [7].

(1) Décision ministérielle du 6 janvier 1872.
(2) Note de l'Enregistrement du 24 janvier 1877.
(3) Note de la Comptabilité publique du 18 août 1873.
(4) Note de la Comptabilité publique du 6 septembre 1881.
(5) Note de la Comptabilité publique du 19 décembre 1881.
(6) Note de la Comptabilité publique du 5 février 1875.
(7) Circulaire de la Comptabilité publique du 9 mars 1900.

Les services locaux des colonies se trouvent dans la même situation que les départements et les communes qui ont à supporter les frais de timbre de 10 centimes dont sont passibles les quittances souscrites par leurs créanciers (1).

Un arrêt de la Cour des comptes, gestion 1875, 1re partie, et une note conforme de la Comptabilité publique du 7 avril 1879 exigent la signature et l'apposition de timbres-quittance de 10 centimes, alors même qu'il n'y a rien à toucher par suite de prélèvemenus de retenues de 5 p. 100 et du premier 1/12e pour le service des pensions civiles.

Exemption de timbre de 10 centimes pour les récépissés de dépôt des titres amortis et les quittances souscrites par le rentier lors du remboursement des rentes 3 p. 100 amortissables (2).

Les quittances de gratifications de réforme, renouvelables et permanentes, doivent, en principe, être considérées comme soumises au droit de timbre et n'en sont dispensées que dans le cas où les mandats contiennent l'attestation de l'ordonnateur portant que les titulaires sont indigents. En exécution d'une décision ministérielle du 3 avril 1894, notifiée par une circulaire de la Comptabilité publique du 10 mai suivant, les brigadiers et gardes forestiers domaniaux sont, de même que les préposés des douanes, considérés comme gens de guerre et ils sont exemptés du timbre pour tous les cas relatifs au service. Une autre décision ministérielle du 28 février 1895 a déclaré cette disposition applicable aux agents des forêts admis à la retraite, à leurs veuves et à leurs orphelins.

L'oblitération des timbres, aux termes du décret du 27 novembre 1871, doit avoir lieu, à défaut de griffes spéciales, par l'apposition, à l'encre noire, en travers des tim-

---

(1) Lettre de la Comptabilité publique du 20 février 1900

(2) Note de la Comptabilité publique du 29 mai 1897.

bres, de la signature du créancier ainsi que de la date de l'oblitération. Quoique le décret précité ne stipule pas qu'il soit nécessaire pour les créanciers de fournir à la fois une signature pour l'acquit et une signature pour l'oblitération du timbre, il convient, dans l'intérêt même du comptable, d'exiger ces deux signatures distinctes (1).

Les émargements signés, apposés sur des états de distribution de vêtements à des employés ou à des agents, constituent un véritable reçu d'objets soumis en conséquence à la taxe du timbre-quittance (2).

Lorsqu'à l'appui d'un mandat non acquitté est produite une quittance dans la forme administrative (en vertu de l'article 56 de la loi du 3 mai 1841), il n'y a pas lieu à apposition du timbre de quittance sur le mandat (3).

Le timbre n'est pas exigible lorsque c'est par suite de l'abondement de 3 ou 5 p. 100 (marine) que la somme de 10 fr. a été dépassée. En effet, la partie prenante n'a jamais été créancière de la somme affectée à l'allocation au profit des invalides de la marine; la quittance qu'elle donne cumulativement avec le montant de sa propre créance ne saurait donc avoir pour effet de libérer, de ce chef, le ministère de la marine. Il ne s'agit que d'une opération d'ordre et de comptabilité dont l'accomplissement ne peut avoir pour résultat de soumettre à l'impôt du timbre le créancier qui, au fond, reste complètement étranger à cette opération. En d'autres termes, le titulaire du mandat est, dans ce cas, créancier de la somme nette et non de la somme brute (4).

Attendu que, par application de l'article 20 de la loi du 23 août 1871, les quittances du prix des terrains expropriés ne bénéficient pas de l'indemnité des droits de timbre

---

(1) Circulaire de la Comptabilité publique du 20 décembre 1878.
(2) Note de l'Enregistrement du 4 juin 1879.
(3) Note de la Comptabilité publique du 31 mai 1882.
(4) Note de l'Enregistrement du 24 novembre 1884.

accordée par l'article 58 de la loi du 3 mai 1841, la mention de visa pour timbre gratis, consignée sur les mandats ne saurait dispenser de l'application du timbre spécial de quittance créé par l'article 18 de la loi précitée du 23 août 1871 (1).

L'acquit donné au pied d'un mémoire ou de tout autre écrit timbré au timbre de dimension est passible du droit spécial des actes libératoires. Il est ainsi établi que le timbre de dimension dont est revêtu, soit le mémoire, soit la pièce donnant droit à créance ou à décharge, couvre la constatation de ce droit, tandis que le timbre de 10 centimes s'applique exclusivement à l'acquit ou à la décharge (2).

Les sous-officiers et préposés des douanes qui ont droit au port d'armes et qui sont tenus, pour exercer leurs fonctions, d'être revêtus de l'équipement militaire peuvent être considérés comme de véritables gens de guerre et, en conséquence, les reçus et décharges qu'ils donnent en cette qualité sont exempts du timbre (3).

L'administration de l'enregistrement est d'avis que l'exemption qui s'applique aux quittances de rentes à encaisser en vertu de l'article 18 de la loi du 9 vendémiaire an VI ne saurait être étendue aux récépissés délivrés lors du dépôt de valeurs remises à l'encaissement, par le motif qu'ils ne sont pas des documents d'ordre intérieur, mais qu'ils sont délivrés aux parties dans leur intérêt et pour valoir titre entre leurs mains. Ces récépissés sont donc soumis, d'une part, au timbre de 25 centimes, lors de leur délivrance, d'autre part au timbre-quittance de 10 centimes, lors de la remise des fonds aux parties (4).

---

(1) Injonction de la Cour des comptes, gestion 1882, 2e partie.

(2) Circulaire de la Direction générale des douanes du 27 décembre 1871.

(3) Décision du Ministre des finances du 16 janvier 1875.

(4) Circulaire de la Comptabilité publique du 30 juin 1890.

Les mandats de délégations souscrites au profit de leur famille par les officiers mariniers et les marins sur leur solde sont exempts du droit de timbre-quittance (1).

(1) Circulaire de la Comptabilité publique du 30 juin 1899.

TABLE

A

B

C

D

E

F

G

H

I

J

L

M

N

O

P

Q

R

*

T

V

Nancy, imprimerie Berger-Levrault et Cie.

Nancy, impr. Berger-Levrault et C[ie].

www.ingramcontent.com/pod-product-compliance
Ingram Content Group UK Ltd.
Pitfield, Milton Keynes, MK11 3LW, UK
UKHW020430200726
13857UKWH00002B/365